그리다 만 그림처럼

김재희 수필집

김재희 수필집

그리다 만 그림처럼

소소리

그리다 만 그림처럼

김재희 수필집

1판 1쇄 인쇄/ 2016년 2월 25일
1판 1쇄 발행/ 2016년 2월 29일

지은이 / 김 재 희
펴낸이 / 우 희 정
펴낸곳 / 도서출판 소소리

등록 / 제300-2007-21호
주소 03068 서울 종로구 혜화로35, 302-1호
(경주이씨중앙회빌딩)
전화 / 765-5663, 010-4265-5663
e-mail: sosori39@hanmail.net
www.sosori.net

값 12,000 원

*잘못된 책은 바꿔드립니다.

ISBN 979-11-5891-046- 4 03810

책을 내면서

글을 쓴 지 스무 해. 가슴 한 켠에 답답함이 뒤엉켜 수시로 나를 깨웠습니다. 자신을 털어내기 위한 몸부림이었던 것 같습니다.

세 번째 엮는 나의 기록입니다.

복잡한 속내가 다소 해소되는 느낌이기도 하지만 다시 시작하는 떨림은 멈추지 않습니다.

꽃 한 송이의 웃음을 가슴으로 듣고 싶습니다.

바람이 지나가는 길에 마음을 열겠습니다.

시간의 이야기에 귀를 기울이겠습니다.

그리고 더 많은 시간 함께할 내 이야기를 사랑하겠습니다.

내일은, 또 다른 노트의 첫 페이지를 열겠습니다.

2016년 봄 김재희

▷ 차 례

1. 흔적을 찾아서

2. 그날의 약속

3. 하룻밤 별이 되어

4. 아름다운 시간들

5. 세월 나누기

1.

흔적을 찾아서

기대만큼 되지는 않았지만 돌이켜 보면 행복한 시절이 아니었나 싶다. 중년의 시간, 우리가 머물렀던 자리의 흔적을 찾는 일이 잦아졌다. 시간을 거슬러 창창하던 시절을 되짚어 보는 일이 숨을 고르는 삶의 나침반이 되기도 한다. 내 삶의 봄과 여름은 저리도 푸르렀구나 싶어 새삼 감회에 젖는다.

시간을 거슬러

그때 나는 이 길을 달리며 눈이 붓도록 울었다. 의정부를 얼마쯤 지나자 비포장도로가 나왔다. 산길로 들어서니 두려움이 들기 시작했다. 아이를 끌어안고 소리를 죽여 울자 트럭운전수는 정들면 괜찮을 것이라며 위로를 해주었다. 어둠을 뚫고 도착한 포천 이동이라는 곳은 남쪽에서의 꽃바람과는 달리 잔설이 남아 있었다. 춥고 서글프게 느껴지던 이동에서의 생활은 그렇게 시작되었다.

막걸리와 갈비가 유명한 곳, 남편이 훈련이라도 나가면 그날로 서울로 줄행랑을 쳤다. 몇 군데의 검문소에서 신분증 검사를 통과해야 나올 수 있는, 간간이 포 사격소리가 들리고 북에서 보낸 대남 비방 전단지가 수시로 발견되어 전방이 가깝다는 걸 실감하던 곳이다. 기회만 되면 서울행 버스를 타고 한동안 정을 붙이지 못하고 방황하던 시기였다.

이곳에서 딸은 유치원을 다녔고 아들이 태어났다. 딸아이가 가장 어린 시절을 추억하고 있는 곳이기도 하다. 5일장이 서는 날을 기다리고, 메뚜기를 잡고 들꽃을 눈에 익히며 아이는 신기한 세상 구경에 빠져 호기심 많은 아이로 자랐다.

벽을 사이에 두고 살던 '미미향'이라는 중국요리집에서 자주 밥을 먹었다. 화교인 주인장의 대를 이어 자녀들이 운영하고 있다. 주인도 가옥의 형태도 바뀌었지만 맛은 변함이 없는 듯하다. 내가 입덧으로 힘들어 할 때 '미미향' 아주머니는 짜장면이나 볶음밥을 만들어 딸아이를 불러 먹이곤 하였다. 몇 달을 짜장면이나 볶음밥을 먹던 아이는 양파 볶는 냄새에 질려버리고 말았다. 나중엔 불러도 핑계를 대며 피하곤 했는데 지금은 오히려 그 맛을 기억하며 그리워한다.

마지막까지 살았던 관사를 찾아가보니 허물어진 돌담만 남아있다. 낙엽송이 둘러진 마당 넓은 이 집을 아이는 무척 좋아했다. 일본식 건물 집안에는 커다란 무쇠로 된 욕조가 있었다. 목욕을 하려면 아궁이에 불을 넣어 사용했는데 물을 받아 놓으면 나무판자벽에서 노래기가 기어 나와 물에 둥둥 떠 있어 기겁을 하곤 했다. 우물가 텃밭에 딸아이와 상추씨앗을 뿌렸는데 콩나물처럼 솟아 제대로 먹어보지도 못하고 솎음질만 하다가 이사를 갔다. 봄볕이 좋아지면 아이를 앞세워 집 뒤 개울가로 빨래를 다녔다. 말간 물에 헹군 빨래를 바위에 널어놓고 모녀는 물장난에 정신을 빼앗기곤 했다. 문득 재워놓은 아기 생각에 부리나케 달려오면 순한 아기는 대부분 그때까지 잠들어 있었다. 삑삑 오리울음소리가 나는 슬리퍼를 끌고 숨을 헐떡이며 달려와 돌담사이로 뛰어 들어가던 딸의 모습이 아직도 선명하다. 흔적만 남은 집터에서 나는 또 잡을 수 없는 시간의 한계를 느낀다.

실개천, 반찬가게, 동료들이 살던 집들. 모두가 변한 모습들이다. 그리움을 실어 편지를 부치러 다니던 작은 우체국의 모습도 번듯해졌고, 아이가 아이스크림을 사러 들락거리던 영외 피엑스 '승진강당'은 군인숙박시설로 바뀌었다. 하기야 35년이나 지났으니 그 모습이 남아 있겠나. 다리를 건너면 버스터미널이 있고 시장이 있었다. 네 살 난 딸아이는 입덧하는 어미를 위해 풋사과를 사러 시장을 다녔다. 어른들이 걷기에도 족히 10여 분 거리를 어린 것이 오며 가며 쉬고, 한 시간은 걸려 빨개진 손바닥을 펴 보이며 몇 알의 사과를 개선장군처럼 내밀었다. 땀을 닦아주면 한입 베어 물며 뿌듯해 하는 표정이 역력했다. 입덧이 심한 어미 때문에 아이는 백 원짜리 동전 한 잎을 쥐고 막걸리도 사러 다녀야 했다. 어제 일처럼 떠오르는 철없던 기억들 때문에 가끔은 행복하다.

해마다 들러 보겠다고 마음먹었지만 여러 도시를 다니며 그 마음도 무덤덤해지고 사는 곳마다 정이 들고 헤어지기를 거듭해왔다. 순종할 줄도 알고 남편에 대한 기대도 있었고 아이들에게 욕심도 부려보고 미래의 내 모습도 그려보던 시간이었다. 기대만큼 되지는 않았지만 돌이켜 보면 행복한 시절이 아니었나 싶다. 중년의 시간, 우리가 머물렀던 자리의 흔적을 찾는 일이 잦아졌다. 시간을 거슬러 창창하던 시절을 되짚어 보는 일이 숨을 고르는 삶의 나침반이 되기도 한다. 내 삶의 봄과 여름은 저리도 푸르렀구나 싶어 새삼 감회에 젖는다.

흔적을 찾아서

살아온 여러 도시 중에 부산을 빼놓을 수가 없다.

고속철로 채 세 시간도 걸리지 않는 거리를 26년 만에야 발을 디딜 수 있었다. 오랜만에 마주한 해운대의 모래사장은 변함없이 사람과 파도를 아우르며 여름을 맞고 있었다. 때마침 세계무용대회를 하는 무대에서는 무희들의 춤사위가 바람결에 날아갈 듯 하늘거렸다. 해수욕장 개장 축하 쇼를 하던 그때 그곳에서 난 딸아이를 잃어버렸던 적이 있다. 미아보호소에서 방송이 나올 때까지 까맣게 속을 태우며 동동대던 기억을 우리는 가끔 웃으며 이야기하곤 한다.

종종걸음으로 오르던 용두산공원의 계단들, 생동감 넘치던 자갈치시장, 노랫말로 귀에 익은 영도다리, 동래온천, 달맞이 고개, 기차소리를 들으며 여명을 맞던 송정해수욕장. 식구들과 함께 깨알 같은 추억을 만든 곳이다. 광안리의 회맛을 알게 되었고 반여동 아귀찜의 매운맛을 익혔던 곳이며 아이들이 사투리를 배우던 곳이다. 나의 삼십대가 무르익던 곳 또한 부산이다.

그때는 해운대나 자갈치 시장을 자주 나갔다. 서해안 바다만 보던 내게 해운대를 볼 수 있다는 건 신선한 즐거움이었다. 싸기도 했지만 생선을 좋아하는 나는 싱싱한 수산물에 매력을 느껴 버스를 타야 하는 거리를 마다하지 않았다. 그 또한 부산의 추억을 되살리는데 한몫 한다.

밤새 뒤척이다가 동백섬 둘레길을 산책하며 여명을 맞았다. 일찍 호텔을 나와 몇 년간 살았던 안락동을 찾았다. 재개발이 되어 고층아파트로 변한 곳에서 한참을 서성거렸다. 몇 번을 돌아보다 가늠으로 집터였음직한 장소에 서 보았다. 남편이 수집해온 수석을 잔디밭 가장자리에 꽤 많이 늘어놓고 이사를 갔다. 울타리 끝에도 다듬이 돌만한 수석을 끌어다 놓았는데 모두 흔적이 없다. 자그마한 정원석 하나가 소나무 옆에서 남쪽 문을 바라보고 있다. 거추장스럽던 수석에서도 향수를 느끼는 내 모습이 지난 세월을 말해주는 듯싶다. 말끔하게 조성된 고층아파트 사이에서 나의 옛날을 찾을 수 없는 게 못내 아쉬웠다. 아련히 그려보던 풍경들이 과거라는 도화지에서 하얗게 사라진 느낌이다.

내 아이들이 달음박질치며 교실로 오르던 학교 운동장에서는 고만고만한 아이들이 흙먼지를 날리며 공을 차고 있었다. 저만했던 내 아이들은 친구들에게서 배워온 악센트 강한 사투리로 저녁마다 나를 한바탕 웃게 만들었다. 어느새 서른이 훌쩍 넘어버린 아이들이다. 생소한 도시에 적응하느라 아이들도 나도 힘이 들었지만 아기자기한 이야깃거리를 많이 만들었다. 아이들을 데리고 경주나 포항 등지로 여행을 다닌 추억 또한 행복한 기억이다.

젊음과 포부가 당당하던 남편의 과거를 따라가 보았다. 그가 근무했던 수영비행장이 센텀시티라는 신도시로 변한 모습에 놀라고 말았다. 아름다운 고층빌딩이나 정박된 요트들이 이국적인 풍경으로 변해 버렸다. 비행장의 모습은 찾을 수 없지만 그곳에는 남편의 역사도 함께 있을 것이다.

해질 녘 부산역 카페에 앉아 여행의 마무리를 한다. 파도소리만큼이나 낭만을 안겨주던 아름다운 도시 부산. 옛날을 기억할 수 있는 것들이 많이 남아있지는 않지만 지난 시간을 찾아 다시 발걸음을 했던 기억들로 인해 적지 않은 시간 행복할 것이다. 여러 지방에서 살았던 경험들이 그리움의 대상이 된다는 걸 이만큼에 와서야 새삼 깨닫게 된다. 그 기억들이 그리운 날이면 나는 또 지난 흔적들을 찾아 집을 나설 것이다.

그 겨울의 기억

시댁에서는 첫 혼사인 만큼 성대한 잔치가 열렸다. 신혼여행에서 막 돌아온 나는 긴장이 되어 차려준 음식을 통 입에 댈 수가 없었다. 물만 몇 모금 겨우 마시고 뜨거운 아랫목에 앉아있자니 불편하고 쑥스럽기도 하거니와 낯선 얼굴들과 사투리에 정신이 없을 지경이었다.

시댁 어른들과의 첫 대면시간이 되었다. 폐백을 통해서 내가 그 집안의 가족이 되었음을 알리는 시간이었다. 누군가가 옆에서 어느 댁 어른이라고 일일이 소개를 하면서 절을 시켰지만 다리만 후들거릴 뿐 그 소리는 귓전에서 맴돌 뿐이었다.

사나흘을 정신없이 보내고 서울로 올라오는 날. 시어머니는 이바지 떡을 해 주셨다. 내용물을 보지는 않았지만 큼지막한 보따리가 두 개나 되는 걸 봐서 만만찮은 양이란 걸 알 수 있었다. 얼마나 무겁던지, 나주에서 친정 화성까지 차를 갈아타며 떡 보따리를 옮길 때마다 애를 먹었다.

저녁을 먹고 난 후 엄마는 나를 작은방으로 조용히 불렀다. 음식을 나눠 먹을 요량으로 보따리를 풀어 보고 놀란 표정이었다. 나 역시 입을 다물 수가 없었다. 바구니 속에는 손바닥만큼씩이나 큼직한 떡이 가득 들어있었다. 양도 많거니와 떡의 크기를 보고 놀란 것이다. 더구나 뜨거운 떡을 포개 놓은 탓인지 서로 엉겨 붙어 떼기도 쉽지 않았다. 엄마는 그 떡을 보고 어찌할 바를 몰라 쩔쩔 매고 있었다. 풍습이 다른 지방으로 딸이 시집가는 걸 마뜩찮아 하였는데 음식도 성의 없게 해 보냈나 싶어 서운한 눈치였다. 부랴부랴 그 저녁에 쌀을 물에 담가 새벽부터 부산하게 방앗간을 다녀오고 떡을 만들어 마치 시댁에서 보낸 이바지 떡인 양 친척들에게 돌리고 나서야 엄마는 안도를 하는 눈치였다. 사위 앞이라 더 이상의 내색은 없었지만 상황을 파악한 우리는 공연히 눈치만 살피다 서울로 돌아와야 했다.

얼마 후 예고 없이 엄마가 찾아왔다. 엄마가 가져온 짐 속에는 노릇노릇한 엿이 들어 있었다. 땅콩, 깨, 튀밥 등을 넣어 먹기 좋은 강정도 담겨 있었다. 문제의 그 떡으로 엿을 만들었다는 것이다. 이번에는 남편이 민망해 할까봐 신경을 써야 했다. 그때의 황당했던 심정을 웃으며 이야기하는 엄마를 보고 나도 마음이 조금은 편안해졌다. 간이 들어있는 떡으로 엿을 만들었으니 먹을 때마다 달콤하면서도 짭짤한 맛이 났다. 엄마의 정성이 고맙기도 했지만, 엿기름물에 떡을 삭히고 엿물을 달이며 가마솥 앞에서 긴 시간을 보냈을 엄마 생각을 하니 죄송했다. 떡으로 빚어낸 엿의 변신은 친정엄마를 떠올릴 때마다 나를 뭉클하게 만들었다. 사소한 문화의 차이에서 빚어진 해프닝이지만 그 사건을 시댁이나 친정에서 드러내놓고 이야기를 할 수가 없었다.

친정에서 보아왔던 모양이 작고 예쁜 떡에 비해 쌀이 풍부한 평야지대인 시댁 풍습은, 명절이나 이바지 떡을 만들 때 유독 큼직하고 많은 양을 한다는 걸 나도 한참 후에야 알았다. 지금이야 전국이 몇 시간 생활권에 있어 서로의 문화를 이해할 수 있지만, 40여 년 전에는 접하기 어려운 지방의 문화였을 것이다.

며느리에게 떡을 들려주며 기대했던 시어머니의 바람이나, 그 떡으로 엿을 만들며 염원했던 친정 엄마의 마음은 말없이 잘 살아 주기를 바랐을 것이다. 성장문화가 다른 사람과의 만남은 음식의 문화만큼이나 힘든 부분도 많았다. 티격태격 갈등을 겪고 시행착오를 거치며 살아온 시간을 우리는 지난세월이라 말을 한다. 양가의 기대에 못 미치고 때로는 실망을 드렸을 내 삶들이 그 겨울의 기억과 함께 가슴을 두드릴 때가 있다.

아스라한 그리움으로

집에 불이 났다.

서서히 피어오르던 하얀 연기가 급기야 검게 변하기 시작하면서 간간이 불기둥이 번뜩이기 시작했다. 멀찍이 자리를 잡고 웃음꽃을 피우던 우리 식구들은 집을 보곤 달려 왔다. 놀란 나머지 어떻게 집으로 달려왔는지 기억도 나지 않는다.

우리는 갓 수확한 밀로 만든 빵과 과일을 들고 들녘으로 소풍을 나갔다. 여름내 달궈진 들녘은 익어가기 시작한 벼이삭을 농부의 가슴에 듬뿍 안겨 주었다. 들일 밭일이 조금 한

산해지는 그 무렵 우리 가족은 종종 간식거리를 들고 논밭을 돌아보았다. 그날도 폭신하게 잘 쪄진 빵과 텃밭에서 키운 참외를 먹으며 아이들은 신나게 논두렁을 휘저을 참이었다.

집에 도착해보니 부엌에서 시작해 문을 뚫고 나온 불은 집을 통째로 집어삼킬 기세로 위협을 하고 있었다. 불을 보고 달려온 동네사람들과 가까스로 불을 껐지만 부엌이 모두 타버려 부엌살림은 뭐 하나 건질 수가 없었다. 빵을 찌면서 남은 잔불이 아궁이 앞에 남은 땔감으로 번진 것 같았다. 엄마는 많이 울었다. 그 전 해에는 마당 끝에 있는 농자재를 쌓아두는 헛간에서 불이 나서 새로 짓느라 애를 먹었던 참이었다.

엄마는 종갓집 막내딸로 부족함 없이 자라 넉넉지 못한 양반 집안의 막내인 아버지에게 시집을 왔다. 고생은 했지만 그때가 살림 재미를 붙여가던 엄마의 젊은 시절이었다. 장날마다 밥그릇 하나부터 솥단지며 항아리까지 새로 사 와서도 한숨을 내쉬던 엄마의 표정이 어린 나에게 슬프게만 보였다. 무쇠솥을 다시 걸고 부뚜막에 황토 흙을 바르던 엄마가 아버지에게 이사 이야기를 꺼냈다. 연이은 화재로 엄마는 지쳐 있었다. 초등학생이었던 나는 매일 얼굴을 맞대고 놀던 동무들 생각에 서운했지만 차마 이야기에 끼어들지 못하고 눈치만 살폈다.

엄마는 그 어설픈 부엌에서 음식을 잘도 만들었다. 떡을 찌고 한과도 만들고 식혜며 엿을 만들어냈다. 부엌에서는 늘 술 익는 냄새가 났다. 오며가며 동동주 한 잔 하고 가는 동네 어른들의 발걸음이 끊이질 않았다. 부지런하고 사람 좋아하는 엄마는 조금의 짬이라도 생기면 먹거리를 만들어 이웃들을 불렀다.

그 부엌에서 두 해를 넘기고 이웃동네로 이사를 했다. 더 넓은 집으로 이사를 했으니 엄마의 부엌도 한결 번듯해졌다. 크고 작은 가마솥이 여러 개 걸리고 큼직한 찬장도 놓을 수 있고 광이 달려있어 엄마는 제대로 음식솜씨를 발휘하여 새로운 이웃들과 금방 친숙해질 수 있었다. 콩국수를 하는 날은 잔칫날이었다. 이웃 아주머니들이 모여 맷돌에 콩을 갈고 칼국수를 만들어 대청마루며 마당까지 시끌벅적하게 콩국수를 말아먹으며 복달임을 했다. 몇 번의 콩국수 잔치를 하고나면 여름이 갔다. 예전 집엔 우물이 울타리 밖에 있어 물을 길어다 먹었는데 부엌문 앞에 펌프 우물이 있고 뒷문을 열면 바로 장독대가 있어 부엌일 하는 데는 그만이었다.

그 집을 엄마는 열심히 가꾸었고 그 집에서 우리들도 자랐다. 현대식 집을 짓고 입식 부엌을 만들어 편리해졌을 때도 엄마는 달가워하지 않았다. 시끌벅적 아이들을 키우며 이웃들과 음식을 나눠먹고, 누구든 지나가다가도 술항아리를 열고 목을 축이고 가던 시절을 그리워했다. 어렵고 힘들었던 시절이었지만 그래도 몇 번이나 불이 났던 그 집 그 부엌을 회상하며 미소 짓곤 했다.

엄마의 부엌은 음식을 만들어내는 곳만은 아니었다. 털털하고 장부 같던 엄마였지만 속이라도 상하는 날이면 부엌 한 귀퉁이에 앉아 눈물을 닦아냈다. 좋은 일이 생기면 내놓고 기뻐하기보다는 부엌이나 장독대 앞에서 천지신명께 감사했다. 밥그릇의 수가 줄어들면서 엄마의 세계였던 부엌도 엄마와 함께 초라해져갔다. 엄마의 부엌은 삶의 현장이고 꿈을 꾸는 공간이고 여자의 일생이었다.

엿물을 달이고 시루에 떡을 쪄내고 무쇠솥에 들기름 칠을 하던 엄마의 모습이 아직도 눈에 밟힌다. 아스라한 그리움은 돌아갈 수 없는 엄마의 부엌 냄새를 찾아 가끔씩 꿈속을 헤맨다.

가장 달콤하고 따뜻한 말

"밥도 안 먹고 십리 길을 어찌 걸어가려고 그러냐? 도시락이나 잊지 말고 가지고 가거라."

그날도 엄마의 따가운 소리를 듣는 둥 마는 둥 대문을 나섰다. 어김없이 울타리께 살구나무 밑에서 서성거리는 아버지의 모습이 눈에 들어왔다. 성큼 다가와 십 원짜리 두어 장을 쥐어 주면서 "네가 좋아하는 단팥빵이라도 사먹어라 아가야" 하고는 황급히 대문 안으로 들어갔다. 분명 아버지는 작은방 앉은뱅이책상 밑을 확인할 것이고 내가 두고 간 도시락을 엄마 몰래 다시 밥통에 섞어 놓았을 것이다. 내가 유독 밥을 먹기 싫어할 때 아버지가 나를 도와주는 방법임을 나는 알고 있었다.

엄하고 이성적인 엄마에 비해 아버지는 정이 많고 여린 감성을 지닌 분이었다. 자식들에게 야단을 치거나 음성을 높이는 걸 본 기억이 없다. 우리들이 아프거나 밥이라도 거르는 날엔 어르고 달래며 투정을 끝까지 들어 주었다. 버릇 나빠진다고 엄마한테 면박을 당하면서도 철저히 우리 편이 되어 주었다. 때로 엄마의 심기가 편치 않아 보이는 날은 우리들을 들로 데리고 나가 논둑이나 밭두렁에서 놀게 하다가 해질녘이 되면 지게위에 앉히거나 들꽃 몇 송이 손에 들려 앞장세우고 집으로 돌아오곤 했다.

그런 아버지께 엄마는 번번이 계모자식처럼 끼고 돈다고 볼멘소리를 했다. 우리는 돈이 필요하면 지출내역을 적어 엄마에게 돈을 받고 용돈은 엄마 몰래 아버지에게 타내는 꼼수를 부렸다. 아버지는 알면서도 우리를 나무라거나 하지 않았다. 부모님도 살림 일구며 살던 시절이었으니 아이들 용돈이라고 달리 챙겨줄 여력이 못 되었을 것인데 아버지에게서 나오는 돈은 막걸리 값이나 담배 값을 절약한 쌈짓돈이었을 것이다.

요즘 아빠들은 사랑표현도 적극적이고 아이들에 대한 관심이 대단하지만 우리 어릴 땐 가부장적이고 엄격한 아버지들이 많았다. 하지만 아버지는 자식들에게 칭찬을 아끼지 않았고 유독 따뜻하고 자상한 분이었다. 식구 중에 내가 콩밥을 유난히 좋아했다. 엄마가 외갓집이라도 간 날에는 콩 범벅이 된 도시락을 아버지가 직접 싸주기도 했다. 숙제가 많아 밤늦도록 책상 앞에 있는 날, 매일 빨아야 하는 교복 칼라를 아버지는 밥상에 펼쳐놓고 들뜬 곳이 생길세라 풀주머니로 밀면서 내 책상머리에 늦도록 앉아 있었다. 밥상에서 떼어낸 빳빳한 하얀 칼라를 달고 기분 좋게 학교로 향하던 기억은 눈물이 날만큼 가슴시린 추억이다. 아버지의 그런 성품 때문에 엄마는 타이르거나 꾸짖는 악역을 자처할 수밖에 없었을 것이다.

아버지가 돌아가시고 허리가 휠 정도로 여윈 어머니와 친정에서 단둘이 밥상을 마주한 적이 있었다. 아버지가 엄마 몰래 쥐어주던 돈에 대해 고백을 했다. 그땐 왜 그리 도시락 들고 가기가 싫었는지 죄송했노라고. 묵묵히 듣고 계시던 엄마가 빙그레 웃으며 "이것아 왜 그걸 모르겠니. 아버지가 황급히 대문을 나서는 날 솥에 밥이 많아지는걸 보면서, 그 성격에 돈이라도 쥐어 주었겠지 하고 맘이 편했지. 자식이 아침도 굶고 도시락도 안 가지고 가면 속 편할 부모가 어디 있겠니. 나도 아버지처럼 감싸고만 들었으면 너희들이 뭐가 되었겠니?"

그제야 속 시원히 풀린 숙제처럼 우리 모녀는 한 바탕 웃었다.

아버지가 쓰러지던 날이 내 생일이었다.

"내 새끼 생일인데, 친구들이랑 맛있는 거라도 좀 사먹으렴."

아버지는 그날 수화기 너머로 생애 마지막 음성을 내게 들려주었다. 가을볕이 따가운 날, 국화향기 배웅을 받으며 가신 지 15년의 세월이다. 오래된 기억에서 행복했던 시간들을 꺼내본다. 돌이켜보니 잘 먹고 다니라고 챙겨주던, 다시는 들을 수 없는 아버지의 그 말씀이 그 어떤 말보다도 이 세상에서 가장 달콤하고 따뜻한 말이 아닐까싶다.

항아리

결혼 첫 해 김장철이었다. 동생들과 자취생활을 하던 친구가 김장을 해 준다며 김장재료와 항아리를 사놓으라는 편지를 보냈다. 김장재료는 사다 놓았으나 서울에서 항아리 파는 곳을 찾기가 쉽지 않았다. 어렵게 사다놓은 항아리에 친구는 맛깔 나는 김장을 해 주었다.

그 항아리는 전국을 돌며 우리 식구와 함께 겨우살이에 동참해주었다. 화단에 묻히기도 하고 때로는 응달진 계단 한 구석에서 겨울을 보내기도 했다. 스테인리스 김치통이 나오고 김치냉장고가 나와 항아리가 필요 없는 시절이 되었건만 나는 아직도 그 항아리를 버리지 못하고 있다. 수없이 이사를 하면서 짐스러울 때도 있었고 버릴까 생각도 했지만 요긴하게 사용될 때도 있었다. 작은 컵이나 주방용품을 신문지에 싸서 항아리에 채워 넣으면 주방정리 할 때도 찾기 편하고 항아리의 깨짐도 방지하는 것 같았다. 오랜 시간 끌고 다니는 주인의 마음을 알았는지 지금껏 깨지지 않고 용하게 버텨주었다.

철이 없던 새댁은 외로울 때마다 살뜰한 우정까지 버무려 김장을 해 주던 친구에게 편지를 썼다. 몇 해 동안 싫은 내색 한 번 안 하고 김장을 해 주던 친구였으니 우리 항아리와 함께한 우정의 역사라 해도 틀린 말은 아닐 듯싶다. 지금껏 서로의 끈을 놓지 않고 있는 그 친구와 우정의 항아리엔 무엇을 채우며 살았을까. 서툰 살림을 하는 내게 보여준 넉넉한 친구의 마음 씀씀이에 비해 잦은 이사를 핑계로 해준 게 없어 늘 미안하다.

돌이켜 보면 항아리를 장만하던 시기가, 여자로서 새로운 시작과 함께 꿈도 늘어나던 시기였다. 주부가 되는 책임도 부담스러웠던 출발점이었다. 갑자기 늘어난 사람들과의 관계가 조심스럽고 힘에 부칠 때도 있었지만 그 관계 또한 내 삶에서 동행해야 하는 무게였다. 문화가 다른 집안의 며느리, 엄마라는 위치, 그리고 냉정한 계급사회에서의 아내라는 역할. 행복했던 순간도 있었지만 때론 좌절도 하면서 나의 삶은 제대로 방향을 잡고 왔는지. 알량한 자존심은 나의 항아리에 무게가 실리는 무언가를 채우고 싶어 동동거렸다. 그러나 손에 잡히지 않는 현실은 허기진 사람처럼 늘 가슴을 서늘하게 만들었다.

항아리를 지금껏 버리지 못하고 점점 더 애정을 느끼는 걸 세월이라 말해도 좋을지 모르겠다. 요즘엔 항아리에 주로 감자나 고구마를 넣어두거나 매실청을 담는데 사용한다. 지금껏 나의 세월을 지켜본 항아리를 보고 있으면 정화수 떠놓고 빌던 할머니의 모습도 스쳐가고 아침저녁 장독대를 드나들던 엄마의 치맛자락도 보이는 듯하다. 항아리를 매만지는 내 손마디가 엄마의 손을 꼭 닮았다. 손마디가 굵어지고 머리카락이 희끗희끗해진 지금 항아리에는 서툰 솜씨로 김장을 하던 앳된 그때의 내 모습도 담겨있다.

감자꽃이 피면

아버지는 감자를 싫어했다.

감자음식은 물론이려니와 감자 이야기를 꺼내는 것조차도 싫어했지만 텃밭에서는 해마다 감자가 자라고 있었다.

한국전쟁이 발발하였을 때 아버지는 첫딸인 갓난아기를 두고 의용군에 끌려가게 되었다. 여러 형제 중 셋째 큰아버지와 막내인 아버지가 함께 가게 되었다. 엄마의 절망은 말할 수가 없었다. 눈물바람으로 우물가에서 이별을 하는 엄마에게 큰아버지는 무슨 일이 있어도 동생만은 살려 보내겠다는 약속을 했다. 전쟁 통에 의용군으로 가면 생사를 기약할 수 없는 처지였지만 엄마는 그 말에 희망을 잃지 않았다. 그때 큰아버지는 상처를 하여 혼자 몸이기 때문에 신혼인 동생을 안타까이 여긴 때문이었을 것이다.

전쟁의 피해는 엄청났다. 밤낮을 가리지 않는 공습으로 인해 밤이면 호롱불조차 켤 수 없어 어둠 속에서 아이에게 젖을 먹여야하는 엄마는 불안과 공포의 나날을 보내야했다. 자고나면 갖은 소문들이 나돌았다. 어디 전투는 아군이 밀리고 어디까지 점령당했느니 어느 지역에서 끌려간 의용군이 전멸하였다느니 재징집이 곧 닥칠 거라는 둥 남아있는 식구들을 불안하게 만들었다. 갓난아기와 보내는 엄마의 하루하루는 생명을 갉아먹는 고통의 지옥 같은 시간들이었다.

아버지가 끌려간 지 한 달여. 칠흑 같은 밤 거짓말처럼 아버지가 돌아왔다. 어둠 속에 나타난 아버지의 행색은 이루 말할 수가 없었다. 걸레가 되어버린 입고 갔던 잠방이 적삼에 해골처럼 말라버린 아버지를 보고 귀신이 아닌가 하여 엄마는 소리도 못 내고 부들부들 떨었다.

아버지는 안성의 어느 학교에서 1주일간 총검술훈련을 받았다. 훈련을 대충 마친 일행이 이튿날 전투에 투입된다는 수

군거림이 들렸다. 몸이 약하고 마음이 여린 아버지를 늘 곁에 재우며 기회를 엿보던 큰아버지는 그날 밤 아버지의 탈출을 결심했다. 속옷을 찢어서 줄을 만들어 2층 창틀에 묶고 한쪽 줄 끝을 아버지의 허리에 묶은 다음 뛰어내리게 했다. 성공을 알 수 없는 긴박함이 밀려오는 순간 큰아버지는 뒤돌아보지 말고 오른쪽 담을 넘으라며 곧 따라갈 것이라고 했다. 큰아버지가 밀어버리는 바람에 떨어진 아버지는 내달리며 큰아버지의 커다란 목소리를 들었다. 보초들의 시선을 흩뜨리려고 소란을 일으킨 것 같았다. 학교 담을 넘을 때 오금이 저린 정신에도 교실안팎의 술렁거림을 느낄 수 있었다.

무조건 뛰었다. 어디인지 분간을 할 수 없는 산을 헤매었다. 낮에는 산에 숨어있고 밤이면 걷기를 여러 날. 오디도 따먹고 찔레도 꺾어먹었다. 산새알도 깨 먹었다. 정신을 차리고 나면 두려움이 엄습했다. 정신이 혼미해지면 며칠이 지났는지조차 알 수 없었다. 인가 근처를 찾아 어느 지역인지 가늠하기 시작했다. 그렇게 헤매며 근 한 달간의 사투 끝에 집 근처까지 오게 되었다. 집근처 마을에 도착하고서야 마음 놓고 남의 집 감자밭에서 감자를 실컷 캐 먹었다. 감자밭에 북을 주던 농부에게서 슬픈 소식을 들었다. 퇴각하던 인민군이 안성

용인에 집결되어 있던 의용군들을 북으로 끌고 가다가 어딘가에서 모두 총살을 시켰다는 것이다. 큰아버지 역시 그 속에 끼어있었을 것이다. 큰아버지 생각에 아버지는 그날 아니 평생 피울음을 삼켰다.

그렇게 돌아온 아버지는 내내 복통과 설사에 시달렸다. 허기를 채운 감자에 탈이 났던 모양이다. 탈수증세로 한동안 거동을 하지 못했다. 여러 날 만에 정신을 차린 아버지는 큰아버지의 생각에 힘들어했다. 감자는 아버지의 상처가 되었다.

주말농장에 처음으로 감자를 심었다. 보랏빛 꽃이 6월의 감자밭을 장식한다. 감자꽃 속에서 아버지를 떠올린다. 큰아버지는 우리 집의 아픈 역사가 되었다. 두 분은 하늘에서 어떤 모습으로 만났을까. 20대의 큰아버지와 70대의 아버지 모습일까 아니면 둘 다 속옷을 찢어 줄을 만들던 앳된 20대의 그때 그 모습이었을까. 철이 들고 나서야 알게 된 아버지의 상처. 감자꽃이 피는 계절은 아버지의 생채기가 덧나는 계절이었다.

수영복

어느 날 지금의 내 나이쯤 되었을 엄마가 해외여행을 간다며 수영복이 필요한데 사 보내줄 수 없느냐고 부탁을 했다. 계절이 봄인지라 수영복이 시중에 나와 있지 않을 것 같기도 했지만, 육십 나이에 무슨 수영복이냐고 툴툴대며 엄마의 부탁을 일축해 버렸다. 엄마는 민망한 듯 반바지에 티셔츠를 가지고 갈 테니 걱정 말라며 전화를 끊었다.

여행을 다녀온 엄마가 선물을 사왔다며 친정에 다녀가라는 전화를 했다. 선물들 중에는 동남아의 이국적인 수공예품들도 있었지만, 천연섬유로 만들었다는 사위들 몫의 와이셔츠가 들어 있었다. 덥석 받으면서도 기분이 개운치만은 않았다. 여비도 드리지 못한 생각에 죄송한 마음이 가득했다. 더욱 면목이 없었던 것은 야자수 밑에서 챙이 넓은 모자에 선글라스를 쓰고, 수영복을 입고 활짝 웃고 있는 엄마의 사진을 본 순간이었다. 차마 수영복을 어떻게 샀는지 물어볼 수가 없었다. 건성으로 흘낏거리며 못 본 체했지만 자꾸만 시선이 사진으로 가고 있었다. 엄마 유품을 정리하면서 그 사진만큼은 내가 챙겨왔다. 가끔 사진을 꺼내보면서 얼굴이 화끈거리는 나를 스스로 달래곤 한다.

엄마는 미국 막내딸네를 다녀올 때 그곳의 쇠고기가 맛있다며 쇠족을 진공포장 하여 자식들 몫으로 여러 개를 사왔다. 그때 나는 여러 지방으로 이사를 다니며 멀리 살기도 했지만, 아이들 키우느라 정신이 없다는 핑계로 엄마의 여행이나 용돈은커녕 친정 나들이조차 자주 갈 수가 없어 부모님께 별 신경을 쓰지 못하고 살았다. 그 후로도 엄마는 가끔씩 친구들과 여행을 다녀왔노라며 자그마한 선물이라도 잊지 않고 보내 주었다.

육십이 코앞에 있는 나이. 나 역시 이런저런 구실로 해외여행을 간다. 아이들 선물을 고를 때면 예전 엄마의 심정이 지금의 나 같았을 것이라는 생각에 가슴이 뭉클해지곤 한다. 여행지에서 온천이나 수영장에라도 가게 되면 나는 스스럼없이 수영복을 입는다. 그럴 때마다 어김없이 떠오르는 사진 속 엄마의 꽃무늬 수영복은 트라우마가 되어 가슴을 찌른다.

언젠가 여름용품 세일 하는 매장엘 간 적이 있었다. 긴 옷걸이에 가득 걸려 있는 수영복을 보면서 무거운 마음으로 바라보았다. 여전히 나는 그때 엄마의 수영복을 누가 사드렸는지 아니면 직접 샀는지 모른다. 여비를 드렸다던 언니한테도 물어볼 수가 없었다. 우리의 빠듯한 월급쟁이 생활을 늘 안타까워하던 엄마가 처음으로 한 부탁을 들어드리지 못했다는 마음은 종종 가시처럼 목구멍을 찌르곤 한다.

지금이라도 모시고 여행이라도 갈 수 있다면 얼마나 좋을까. 예쁜 수영복도 사고 멋진 옷이라도 한 벌 사서 가방에 넣어드리고 싶다.

이번 여행을 마치고 나면 부모님 묘소에 인사를 드리러 가야겠다는 생각에 바티칸에서 묵주 하나를 샀다.

엄마의 포도밭

포도밭이 있던 친정에서 엄마는 늘 잼과 포도주를 만들어 주었다. 달콤새콤한 포도잼은 빵과 함께 우리 집 식단에 한 몫을 했고, 집들이나 회식이라도 있는 날 포도주는 지인들의 환영을 받았다. 멀리 지방에 살 때에도 엄마는 포도주와 잼을 힘들게 가져다주곤 했다.

과일나무를 키우는 게 보통 어려운 일이 아니다. 이른 봄부터 거름을 내고 꽃과 송이를 솎아 주며 뜨거운 햇볕 아래서 시간을 보내야 한다. 일일이 봉지를 씌워서 벌레나 햇볕을 차단해야 분이 하얗게 피는 고운 빛깔의 포도송이가 된다. 장마가 길기라도 하면 당도가 떨어지고 수확을 망치게 된다. 봄부터는 아예 포도밭에서 살다시피 한 엄마의 얼굴은 하얘질 날이 없었다. 포도밭이 바로 집 옆에 있지만 푸르게 늘어선 낭만적인 포도밭은 보기와는 다르게 힘이 많이 드는 농사였다.

엄마는 밭일을 하다가 힘이 들 땐 포도 잎을 깔고 누워 쉬곤 했다. 비행기가 날기라도 하면 미국으로 시집간 딸 생각에 때가 지나도 허기를 느끼지 못했다. 우체부가 올 시간이면 대문 앞에 서성이며 기다렸다. 행여 편지라도 오는 날이면 일을 아예 접어버리고 눈물을 한 바가지 쏟고 나서야 마음을 가라앉혔다. 집을 지나치는 우체부를 잡고 확인하고 또 확인을 하던 딸의 편지였다. 살림 잠시 접고 딸네를 한 번 다녀온 후 잘 살고 있는 걸 보고 와서 안심이 되었다. 해가 갈수록 몸도 마음도 약해지는 엄마의 마음처럼 포도밭가에서 산비둘기는 처량하게 울어댔다. 제 살기 바쁜 자식들을 그리워하며 엄마도 포도나무도 늙어갔다.

포도철이 되면 엄마의 포도밭이 떠오른다. 포도농사가 전부는 아니었지만 수십 년의 세월을 포도밭에서 많은 시간을 보냈다. 부실한 송이를 으깨어 포도주를 담고, 삶고 체에 걸러 잼을 만들며 손톱 밑까지 보랏빛 물이 들었던 엄마의 거칠던

손도 아픈 기억의 한 장면이다. 영원할 것 같았던 엄마의 새콤한 포도잼은 추억이 되었고 포도주 맛은 그리움이 되었다.

엄마의 젊음을 담보로 포도를 키워내던 그 밭엔 지금 동생이 소나무를 키우고 있다. 엄마 생각이 날 때 가끔 돌아보지만 밭이랑에서 두 팔 벌려 맞아주던 엄마의 기억을 묻어둔 채 소나무만 숲을 이루고 있다.

수확을 하고 난 후 남아있는 송이가 엉성한 포도는 당도가 좋아 우리는 일부러 줄기를 헤집으며 따 먹었다. '엄마가 이 세상에 없으면 그만일 텐데 좋은걸 먹지 왜 하필이면 그걸 먹느냐'고 핀잔을 주어도 귓등으로 흘려들었는데 그 순간은 생각보다 일찍 다가왔다. 늦가을 쪼그라져가는 포도알처럼 엄마의 허리가 굽어가던 어느 날 갑자기 쓰러진 엄마는 다시는 볼 수 없는 길을 떠났다.

이제는 옛날이야기를 안주 삼아 포도주를 앞에 놓고 흠뻑 취해 엄마와 밤을 새워도 아무렇지 않을 만한 나이가 되었는데. 집 걱정 안 하고 얼마든지 엄마와 시간을 보낼 수도 있는데. 또 다시 포도가 익어가는 계절이 오고 포도는 이리도 지천인데….

글과 나의 인생

아이들이 대학생이 될 즈음, 늘 해오던 주부로서의 생활이 시답지 않게 느껴지기 시작했다. 아이들은 나의 잔 손길을 빌지 않아도 되고 사업으로 바쁜 남편은 늦게 들어오는 게 일상이 되었다. 한가해졌는데 나는 점점 비어가는 듯한 외로움이 찾아오고 있었다.

무슨 일을 해도 누굴 만나도 개운치 않은 알 수 없는 잔상들이 찌꺼기처럼 남아 가슴을 흔들었다. 갑자기 한가해진 탓이려니 생각을 하다가도 무언가 가슴 뻐근하게 그리울 때도 있고 답답함을 풀어놓을 곳이 있었으면 하는 생각이 간절했다. 그때, 오래전부터 써오던 일기장을 들여다보게 되었다. 현실과 타협하지 못하거나 갈등이 생길 때 틈틈이 글을 쓰며 자신을 위로하고 있었다. 대부분 마음이 편치 않을 때 쓴 글이지만 글은 나를 다스리는 가장 좋은 방법이었다. 자신을 발견한 것 같은 해답을 얻고 시작한 일이 글쓰기였다.

어쩌면 긴 시간 접어두었던 글에 대한 갈망이 수면 위로 떠오르는 절묘한 시기였는지도 모른다. 그리움의 근원을 찾으며 달을 보고 별빛을 바라보게 되었고 가슴 일렁이는 감성을 끄집어내며 희열도 느끼게 되었다. 나를 찾는 시간들이 시작되었다. 나를 그려내면서 수많은 생각과 느낌 그리고 반성의 시간도 갖게 되었다. 내 이야기 속에는 유년의 그림들도 있고 용기 있는 젊음도 있고 엄마가 된 생활인의 모습도 그려져 있다. 무지갯빛 화려함은 없지만 나의 역사를 기록하는 일이기도 했다. 나와 함께한 세월의 더께만큼 애잔한 내 분신이기도 하다.

글을 쓰면서 스스로를 치유하고 절제시키며 미처 깨닫지 못했던 나를 발견할 때도 있다. 글을 쓴다는 것은 행복한 일이기도 하지만 더 많은 외로움을 가져다주기도 한다. 드러내놓은 상처가 새삼 아플 때도 있고 치부를 보이는 것 같아 부끄러울 때도 있다. 때로는 뭉쳐있던 어떤 것을 풀어내고 나면 후련함을 느낄 때도 있다.

주어진 환경대로 열심히 살았던 것 같지만 부족함이 많았던 것도 글을 쓰면서 깨닫곤 한다. 가끔씩은 후회도 하고 또 어느 땐 잘 살고 있다고 스스로를 칭찬하면서도 채워지지 않는 공허함이 결국 나를 글쓰기로 끌어들였다. 무언가 획을 그어야 할 시기에 더 외롭지 않게 그리고 헛된 시간을 보내지 않게 중심을 잡아준 일이기도 하다. 생의 반환점을 돌고 있는 나에게 이정표 같은 역할도 한다. 글을 쓰며 지낸 시간들이 있어 행복하다.

내게 글은 잘 말려둔 묵나물 같다는 생각을 해본다. 갈무리해 두었던 마른 나물을 불리고 삶고 볶으면 또 다른 맛으로 재탄생되듯, 그다지 새로울 것도 없는 소소한 일상과 무심히 지나쳤던 시간들을 한 겹 두 겹 펼쳐내어 감성의 옷을 입히는 작업을 하면서 내 인생의 또 다른 작품을 만든다는 생각을 한다.

2.

그날의 약속

세월은 또 그렇게 흐를 것이고 우리 앞에 주어진 시간은 더욱 조급함 느끼게 할지 모른다. 그럴 때, 그들과 함께했던 영상들을 기억의 퍼즐로 맞출 것이다. 울컥 그리움이 밀려드는 날, 가을비에 유독 마음이 젖는 날, 그들을 불러내 한 잔의 술이라도 나누고 싶을 것이다. 그리고 우리는 또 달려온 시간을 그 옛날처럼 두서없이 풀어놓으며 추억을 나눌 것이다.

빨래가 마르는 것처럼

"빨래를 하며 얼룩 같은 어제를 지워버리고 먼지 같은 오늘을 털어내고서 주름진 내일을 다려요. 잘 다려진 내일을 걸치고 오늘을 살아요. 슬픈 땐 빨래를 해요. 빨래가 제 몸을 맡기는 것처럼 인생도 바람에 맡기는 거야. 시간이 흘러 빨래가 마르는 것처럼 슬픈 내 눈물도 다 마를 거야."

배우들의 노래가 가슴 서늘한 아픔을 불러왔다.

가족 나들이로 서울 달동네에 모여든 삶들을 주제로 한 뮤지컬 '빨래'를 보았다. 힘들고 외로운 사람들의 노래는 더 올라갈 수 없는 하늘아래 메아리가 되어 울림을 만들었다. 팍팍

하고 야박한 인심 속에 살지만 그 안에서 인간적인 정도 느낄 수 있는 곳 또한 달동네로 표현되고 있다.

쪽방을 세놓고 인심 사납다는 소리를 듣는 장애아를 둔 주인집 할머니. 월세조차 밀린 이혼녀 희정이 엄마. 작가의 꿈을 가지고 강릉에서 상경한 서점 아르바이트생 나영이. 그리고 밀린 월급을 달라고 사장에게 애걸하지만 매번 무시당하는 외국인노동자. 모두 우리의 현실이고 거리 어디서나 만날 수 있는 사람들이다. 아프고 외롭지만 그들 속에 일어나는 사랑 이야기도 소소한 일상도 삶의 모습으로 적나라하게 보여준다.

그들은 힘들 때 흔적을 지우기라도 하듯 빨래를 한다. 그 노래가 내게도 울려 왔다. 가슴 아프게 만들기도 하고 시원한 웃음을 던져주기도 했다. 배우들의 섬세한 연기가 무대 속으로 빠져 들게도 만든다. 무대가 젖도록 빨래를 하며 달동네의 이야기를 풀어가던 배우들의 표정을 뒤로하고 극장을 나섰다.

극장 '학전' 뒷골목을 타고 줄지어 붙은 빌라를 지나 낙산공원을 오르니 서울의 야경 속으로 달동네의 풍경을 고스란히 만날 수 있다. 머리를 맞대고 있는 지붕들이 성곽 아래로 꿈을 꾸듯 고요하다. 마을버스는 산동네 사람들을 연신 내려주고 있다. 다소 피곤해보이기도 하지만 집으로 향하는 표정은 따뜻해 보였다. 그들은 가족의 품을 기대하며 이미 바람에 몸을 맡긴 빨래가 되어 돌아오는 것은 아닐까하는 생각이 든다. 좀 전에 극장에서 답답하게 만들었던 달동네의 이야기들이 조금은 해소되는 듯한 느낌이다.

내게도 예전 심란한 날에는 이불빨래를 하던 기억이 있다. 바람 좋은 날 깨끗하게 헹군 빨래를 내다 널면 마음까지 가뿐해지던 날들이 있었다. 삶의 소소한 이야기가 희망의 빨래가 되어 나부끼기를 바라던 날이었다.

배우들이 부르던 빨래의 주제가가 들리는 듯하다.

"빨래가 제 몸을 맡기는 것처럼 인생도 바람에 맡기는 거야. 시간이 흘러 빨래가 마르는 것처럼 네 눈물도 다 마를 거야."

에그머니

뉴질랜드를 여행할 때였다.

그날은 퀸스타운에서 밀포드사운드로 이동을 하기 위해 이른 새벽 호텔을 나섰다. 너무 이른 탓에 아침식사를 제대로 할 수가 없었다. 호텔 식당에서 음료수로 간단히 입을 축인 다음 긴 시간 이동을 한다기에 아침 대용으로 빵과 계란 몇 개씩을 각자의 가방에 넣었다.

일찍 일어나기도 했거니와 여행 일정이 여러 날 째로 접어드니 차를 타자마자 곤한 잠에 빠져들었다. 얼마를 잤을까. 가이드가 깨웠다. 중간 지점인 피요르드 국립공원에 도착을 한 것이다. 거울처럼 맑다는 거울호수와 짙푸른 초목 사이로 아침햇살이 퍼질 무렵 눈을 떴다. 호머터널을 지나 만년설을 대하니 배고픔 따위는 안중에도 없었다.

밀포드사운드의 유람선 선상에서 좀 이른 점심을 먹으며 가방 속에 넣어온 간식은 까맣게 잊고 있었다. 만년설이 녹아내리는 폭포 아래로 무지개가 뜨고 푸르다 못해 검은 빛의 호수는 설산과 어울려 관광객의 시선을 빼앗았다. 그 풍경 속 선상에서 식사를 하니 가방 속 빵조각이 생각날 리가 없었다.

퀸스타운으로 돌아온 저녁. 가방을 열어본 구로동댁이 기겁을 하고 말았다. 하루 종일 끌어안고 다니던 가방 속에는 계란이 깨져 뒤범벅이 되어 있었다. 삶은 것인 줄 알고 넣었던 계란이 하필이면 그녀의 계란만 날계란이었던 것이다. 순간 그녀는 가방 안의 두둑하게 환전해온 지폐 생각이 났다. 가방을 털어 계란과 범벅이 되어있는 지폐를 욕실에서 씻기 시작했다. 심한 비린내가 방안 가득 풍겼지만 냄새에 신경 쓸 겨를이 없었다. 한 장이라도 잘못 될세라 조심스럽게 씻어낸 돈은 액수에 따라 대접이 달라져 1달러짜리가 마지막으로 침대에 고이 누웠다. 덕분에 침대는 달러를 뒤집어쓰는 호사를 누렸다.

한바탕 소동으로 떠들썩하며 한숨 돌리려는 순간 가방 지퍼 속의 여권 생각이 구로동댁의 머리를 스쳤다. 얼굴이 굳어졌다. 모두 웃다말고 그녀를 응시했다. 가방 속을 샴푸까지 뿌려대며 흔들고 물세례를 퍼부었으니 큰일이 난 것이다. 숨을 죽이고 그녀의 손끝을 응시하고 하얗게 질린 그녀는 지퍼를 열었다. 다행이 비닐 커버가 씌워져있어 물을 먹기는 했지만 심하게 망가지지는 않았다. 여권 또한 침대 한 켠에서 그녀의 편한 잠을 침범할 수밖에 없었다. 지폐의 액면가가 큰 것부터 씻는 걸 보고 우리는 돈에도 급수가 있어 대접이 다르다고 떠들며 잠을 청했다.

다음날부터 구로동댁의 애칭은 에그머니가 되었다. 욕조에 앉아 지폐를 씻으며 연신 에그머니를 내뱉던 모습 때문에 붙여준 별명이었다. 그 사건은 우리에게 즐거움을 주었고 뉴질랜드는 기억에 오래 남는 여행지 중의 한 곳이 되었다.

가끔 계란을 살 때 그 호텔방에서의 소동과 함께 지금도 에그머니를 입에 달고 사는지 구로동댁이 궁금할 때가 있다.

그날을 위한 약속

남편의 친구 아내들도 수 십년지기 친구가 되었다. 그녀들과 오래전 터키 여행을 했다. 여자들만의 여행이었다. 긴 여행을 하면서 돈독해진 정을 확인하며 남편들 회갑기념 여행을 약속했다. 먼 훗날처럼 생각했던 시간이 훌쩍 지나 드디어 약속을 실행해야할 시기가 되었다.

우리들의 동행이 시작된 중국 운남성의 곤명. 도착하는 날부터 우리는 잠자는 시간조차 아까워 한 방에 모여 시간을 보냈다. 만나온 세월이 긴 만큼이나 체면치레 할 일도 적다.

나이가 들어가면서 진정 편안해지는 것은 많은 생각을 내려놓고 서로를 바라볼 수 있기 때문일 것이다. 내 그릇에 담을 수 있는 것들을 가늠할 수가 있다는 것 또한 넉넉한 마음이 될 수도 있다. 부질없는 욕심도 안타까움도 적당히 체념을 할 수 있는 연륜이 되지 않았나 하는 생각도 든다. 그래서 더욱 거리를 재거나 계산을 하지 않고도 즐거운 시간을 함께 보낼 수 있는 건 아닐까 싶다. 별 자랑할 것도 없는 세월을 주저리 주저리 풀어놓으며 아낙들은 자축을 하고 그럴 때마다 남편들은 술잔을 비웠다.

다음날, 리프트를 타고 서산에 올랐다. 운남성의 비경을 조망할 수 있는 곳이기도 했지만 그곳에서 산허리를 감고 있는 돌계단과 석굴을 파서 석실에 불상과 석대를 만든 장인의 집념을 만났다. 모처럼 발원을 하려고 불상 앞에 합장을 하고 있었지만 아무 생각도 나지 않는 것이 이상했다. 석공은 한 계단 한 계단 돌을 쪼아 산으로 오르는 가파른 길을 만들었다. 석문을 만든 장대한 시간은 표현할 수 없을 만큼의 감동이었다. 대를 이어 만들었다는 서산 벼랑 위에 세워진 용문은 인간의 집념과 혼이 담긴 예술품의 극치였다.

지각변동으로 솟아올랐다는 병풍처럼 생긴 석림이 장관이었다. 바위산이라기보다는 석공들이 빚어낸 작품 전시장 같았다. 석회암 계곡 사이로 미로 같은 통로를 만들어 놓아 돌아보기에 재미도 있었지만 걷기에 한결 수월했다. 구향동굴이나 곤명호, 그리고 다민족이 모여 사는 만큼이나 다양한 민속촌을 돌아보며 우리는 소녀처럼 떠들었다.

올 것 같지 않던 60대. 만날 때마다 여행을 상기시키곤 했는데 남편들은 막상 다가온 약속의 시간이 반가운 것만은 아닌 것 같았다. 여행준비를 하면서 우리는 '회갑여행'이라는 토를 달지 않았다. 굳이 나이를 생각하기 싫은 남편들의 속마음을 헤아려서라고 할까. 치열하게 살아온 젊음을 긍지로 삼는 사람들. 한 발자국 쉬면서 가도 될 나이가 된 지금, 이제는 어떤 기념보다는 여건이 허락 되는 대로 떠나자는 약속을 했다. 건강한 여행을 할 수 있는 시간이 오래 지속되길 바라는 마음이다.

시간은 빠르게 달려간다. 세월은 또 그렇게 흐를 것이고 우리 앞에 주어진 시간은 더욱 조급함 느끼게 할지 모른다. 그럴 때, 그들과 함께했던 영상들을 기억의 퍼즐로 맞출 것이다. 울컥 그리움이 밀려드는 날, 가을비에 유독 마음이 젖는 날, 그들을 불러내 한 잔의 술이라도 나누고 싶을 것이다. 그리고 우리는 또 달려온 시간을 그 옛날처럼 두서없이 풀어놓으며 추억을 나눌 것이다.

동생의 뒷모습

비가 내렸다.

뿌연 빗줄기를 타고 비행기는 태평양을 향해 날아갔다. 동생이 손을 흔들고 나간 공항 문을 바라보며 두어 시간을 보낸 후에야 자리에서 일어났다. 출발시간에 신경을 쓰고 있을 다른 형제들에게 전화를 했다. 잘 떠났느냐는 말 외에 서로 긴 말을 잇지 못했다. 허탈한 심정으로 돌아오는 버스를 탔다. 동생 얼굴이 자꾸만 차창으로 따라왔다. 이런 이별이 반복될 때마다 못할 노릇라고 생각하지만 삶의 무대가 다르다는 걸 깨달으며 현실로 돌아오곤 한다. 25년 동안 열 번 남짓한 만남과 헤어짐. 그리고 긴 기다림. 우리는 또 몇 번이나 더 만날 수 있을지 기약이 없다.

이번에는 동생 혼자 귀국을 했다. 식구들이 바쁘기도 하거니와 혼자만의 여행이고 싶다고 했다. 부모님이 살아 계실 때처럼 자주 나오진 못했는데 마침 언니네 혼사가 있어서 몇 년 만에 나온 것이다. 행사가 끝나자마자 동생과 단 둘이 여행을 떠났다. 항상 벼르고 있었지만 귀국 때마다 바쁜 일정 때문에 실행에 옮기지 못하다가 이번에 혼자 온다기에 아예 여행하는 일정을 잡아 만사 제쳐두고 떠났다.

단둘만의 시간은 오랜만이었다. 내가 지방으로 이사 다닐 때 결혼 전이었던 동생은 여행 삼아 우리 집을 자주 찾았다. 그때 여행을 한 적은 있었지만 결혼을 하고 타국으로 떠나고 난 뒤 둘이 여행을 하는 건 처음이었다. 가을 속에 제대로 젖어버린 오롯이 단 둘이서만 보낼 수 있는 시간이었다. 지구 반대쪽의 삶을 잠시 접어두고 밤을 새우며 회포를 풀었다. 자매라는 이유로 우린 어쩌면 그리도 추억이 많은지. 새삼 묻고 살았던 기억들이 샘물처럼 솟아올라 퍼내도 끝이 없었다. 빛바랜 그림 같은 추억들은 유년의 잔상을 불러오기도 하고 순간 감정을 북받치게 만들기도 했다. 잠들어있던 옛일들을 자아올려 쏟아내던 그 밤들을 되새기며 그리워할 생각을 하니 가슴이 아려왔다. 그 밤들이, 그 시간들이, 그대로 멈춰 버렸으면 싶었다.

양평을 지나며 두물머리 느티나무 아래 멈춰 섰을 때 카메라를 들고 한껏 들뜬 표정에서 동생의 기분을 알 것 같았다. 봉평에서 맛본 메밀주에 얼굴이 벌겋게 달아올라 쩔쩔매던 모습도 메밀꽃처럼 예쁘게 보였다. 단풍이 들기 시작한 오대산 계곡을 지나 월정사에 들렀다. 가을의 산세는 동생의 마음을 설레게 하는데 일조를 한 듯싶었다. 안동으로 향하는 황금들녘에서 부모님이 생각난 듯 눈시울을 붉히며 한동안 말이 없었다. 감정을 추스른 동생이 하회마을 고택을 돌아보며 고즈넉한 정취에 새삼 감동을 받는다며 즐거워했다. 향수병으로 고생하고 살아온 동생이 이번 여행을 뿌듯해 하는 것 같아 떠나길 잘했다는 생각이 들었다. 속리산 법주사에서 염주를 사들고 아이들을 위해 합장 발원하고 있는 모습을 보니 같은 어미의 마음이 진하게 느껴졌다. 때문에 또 다시 삶의 터전으로 돌아가야 하는 이별이 머지않은 것 같은 현실에 가슴이 허전해졌다.

전국일주를 하다시피하고 집으로 돌아온 날 여독이 채 풀리지 않은 몸으로 추억 만들기에 바빴다. 동생은 카메라에 들어있는 한 컷 한 컷의 장면을 소중히 정리하고 있었다. 그 아쉬운 시간들은 더욱 진한 깊이로 그리움을 몰고 문득문득 그녀를 엄습할지 모른다. 함께 들렀던 장소, 함께 먹었던 음식들이 또 다른 향수의 감성으로 젖어들게 만들지도 모른다. 하지만 고향하늘 아래 마음을 나눌 수 있는 형제들이 있음에 감사하고 또 그 힘으로 버텨낼 것이다.

가족들이 기다리는 곳으로 동생은 또 다시 돌아갔다. 익숙해질 만도 한데 헤어짐의 장소에서 우리는 어김없이 눈물을 쏟는다. 다음을 기약하지만 지금의 이별이 너무 아프다. 와락 끌어안고 총총 돌아서던 따뜻했던 동생의 체온이 그리울 것이다. 그리움의 깊이로 심장이 아파올 것이다.

내가 버린 '무소유'

서재 책장에 꽂고 남는 책들을 계속 쌓아 놓다보니 필요한 책이라도 찾으려면 애를 먹기 일쑤였다. 쌓여가는 책들을 주체할 수가 없었다. 내 책도 많지만 아이들의 전공서적이나 연구에 필요한 책도 적지 않아 쉽게 버릴 수도 없어서 아이들과 상의를 해야 했다. 날을 잡아 방안 가득 책 더미를 무너뜨려 정리를 했다.

우리는 서로 필요한 책들을 골라 각자의 책장을 정해 채워나갔다. 문 밖으로 내놓는 책들에 대한 서운함도 많았으나 다소 아깝다고 생각되는 책들도 과감히 버리기로 했다. 우선순

위는 아무래도 아이들에게 필요한 것들이고 다음이 내가 소장하고자 하는 책들이니 내 책을 더 많이 버릴 수밖에 없었다. 그중에 오래된 색이 바랜 시집이 몇 권 있었다. 발간된 지 오래되어 활자크기도 작거니와 세로줄 문장이라 눈이 침침해져 읽기도 어려웠다. 정리를 하고 난 서재는 한결 시원하고 책 찾기도 수월했다. 버린 책에 대해 아쉽던 마음도 차츰 잊어버렸다.

여러 달이 지났다. 법정스님이 입적을 하여 많은 사람들이 안타까이 여기던 참에 스님의 유언이 공개되었다. 스님의 책을 절판하라는 내용이었다. 유언이 알려지자 스님의 책을 구입하려는 사람들이 밀려들어, 서점에서도 구입할 수가 없고 인터넷에서 거래되는 책 가격은 나날이 치솟는다고 한다. 맑고 향기롭게 정진하다 입적하신 스님의 유지와는 다른 것 같아 씁쓸하기도 하지만 스님의 글을 만나고 싶은 사람들의 절실한 마음 일거라는 생각도 들었다.

문득 내가 버린 책 중에 스님의 『무소유』가 생각났다. 오래전 스승님이 소장하던 것을 내게 준 것인데 그 책 역시 표지가 낡고 글씨가 작아서 지난번 책 정리할 때 버린 것이다. 뒤

늦게 아쉬운 마음을 걷잡을 수 없었다. 세간에 화제가 되고 남들은 사지 못해 애를 태우는 책을 나는 가지고 있던 것조차 버렸으니 소유할 자격이 없는 건 당연하다고 생각을 고쳐먹었다. 선물로 받은 난초를 애지중지 키우다가 그로인해 얽매이는 생각이 많아지자 친구에게 주고 나니 홀가분해졌다는 스님의 글 생각이 났다. 잠시 내게 왔던 '무소유'도 행여 어떤 사람의 손에라도 들어가게 되어 그 사람이 귀하게 소장해 준다면 내가 가지고 있던 것보다 가치가 있을지 모른다.

책뿐만이 아니라 많은 것에 대한 집착을 내려놓아야 하는 이유를 차츰 깨달아가고 있다. 그릇이나 살림살이 그리고 옷, 근래에는 사진정리를 하며 많이 버렸다. 차고 넘치는 물건들이 요즘은 버겁다. 새로 장만하고픈 마음도 생기지 않는다. 버리고 정리하고 아이들 것은 챙겨 보내고 시간 날 때마다 그렇게 구석구석 뒤지고 털어본다. 수없이 버리고 장만하며 살림을 꾸려온 지 근 40여 년. 이제는 단출한 두 식구만의 생활에 필요한 것들만을 남겨놓아야 할 것 같다.

길상사를 다녀왔다. 스님의 49재를 앞두고 불자들의 발길이 하얀 연등이 달린 법당으로 이어졌다. 많은 세월과 사연을 담고 있는 길상사. 스님이 검소하게 정진한 도량에는 아직 스님의 향기가 남아 있는 듯하다. 봄볕이 따뜻하다. 차 한 잔으로 목을 축이고 '맑고 향기롭게'라는 문구를 보면서 절집 문을 나섰다.

그가 산으로 가는 이유

식탁 위에 놓인 도시락을 배낭에 넣고 남편은 금세 현관 밖으로 사라졌다. 그 사람은 거의 매일 산행을 하고 있다. 그토록 열의를 보이던 서예도 요즘엔 시들해진 것 같다.

은퇴한 사람의 허탈함을 보일 새도 없이 붓을 챙겨들고 서실로 향하면서 그 시간만큼은 즐거운 표정이었다. 예전에 잠시 접했던 취미에 대한 열의로 가득 찬 눈빛을 보면서 격려를 아끼지 않았다. 매일매일 묵향 머금은 종이를 한 꾸러미씩 버리면서도 싫증을 느끼지 않기를 바랐다. 습작한 글씨를 봐 달라고 하면 때로는 귀찮기도 했지만, 관심 있는 척 해보기도 하고 별반 나아지지 않은 글씨에 좋아졌다고 마음에 없는 소리도 하고, 텔레비전에만 매달리는 것보다는 괜찮다 싶어 물어 볼 때마다 싫은 내색을 하지 않았다. 거실 한 편에 교자상을 펼쳐 놓고 책장 깊숙이 넣어 두었던 벼루와 붓을 꺼내고 종이도 한 묶음 사다 놓았다.

그러던 어느 날부터 산으로 가는 날이 많아지더니 이제는 거의 일과가 되어버렸다. 친구와 산행을 한 번 한 뒤로 함께 하는 횟수가 늘더니 이제는 시간만 되면 산으로 줄달음을 친다. 처음엔 그 친구에게서 전화가 오면 서실에 결석을 하고 나가야 되기 때문에 떨떠름한 표정이었다. 그리고 다음날엔 전날의 연습 분량까지 몇 시간씩 꼼짝 않고 붓을 들고 있었다. 그 모습을 보면서 어쩌면 시간 안배를 잘하면 리듬 있는 생활을 할 수 있을 것 같았다. 평소 운동을 좋아하던 사람이니 적당한 산행으로 건강도 챙기고 서예를 하면서 급한 성격을 다스려 줄 수 있으면 좋겠다는 생각이 들었다. 서실에 가는 날은 가방을 챙겨주고 산으로 향하는 날엔 도시락을 열심히 싸 주었다. 산행 후 적당히 풍기고 오는 막걸리 냄새도 이해해주려 애를 썼다.

얼마 전부터는 벼루 위에 먼지가 쌓이고 붓에 물기가 말라갔다. 서랍 속의 한지도 더 이상 줄어들지를 않았다. 반응을 보이려나 싶어 벼루를 치우고 붓도 통에 넣어버렸다. 상 위에는 화분들을 올려놓았다. 며칠이 지나도 아는지 모르는지 말이 없었다. 가을 내내 산을 누비며 경치를 즐기고 술을 즐기고 있는 것 같다.

그와 마주하는 시간이 많아진 날들, 계획도 많았다. 느슨해진 시간의 여유도 부려보고 여행도 하고 나름대로 서로에게 적응하느라 노력도 했다. 마음에 맺히는 언행을 삼가고 감정을 절제하려 애를 썼다. 그러나 생각만큼 쉽지 않았다. 부딪히는 일이 잦아지고 예민해지더니 서로 말수가 적어졌다. 언쟁보다도 말없는 냉랭함은 더 견딜 수 없었다. 그 시간들을 그는 붓을 들고 앉아 마음을 다스리는 것 같았다.

차분히 앉아서 먹을 갈고 책을 들고 도서관으로 향하던 시간들을 뒤로 하고, 직업상 지겹도록 누볐을 산으로 가는 이유가 뭘까. 의지와는 다르게 몸은 아직 받아들일 준비가 되어 있지 않은 모양이다. 오랫동안 배인 습성을 탈피하지 못하고 있는 것 같다.

산행에 한창 재미를 붙이고 있으니 그냥 모른 체하는 게 속이 편할 것 같은 생각도 든다. 나도 조금씩 적응이 되는 건지 포기를 하는 건지 모르겠다. 불평을 하다가도 그나마 건강이 따라주니 산에라도 다니는 건 아닐까 돌려 생각도 해본다. 함께해야 할 시간들이 아직도 많은데 잠시 쉬기도 하고 에둘러 가는 방법을 깨달아야 될 듯도 싶다. 오늘도, 산으로 가는 그 사람에게 과일 몇 개 얹어 도시락을 싸 주며 공허한 잔소리를 해본다.

칼과의 전쟁

밤 좀 깎아달라는 말에 또 한마디 한다. 칼이 무디다는 투정이다.

부엌과 별로 친하지 않은 사람인데 어쩌다 쓸 일이 있으면 번번이 짜증스런 소리를 한다. 제발 좀 갈아가면서 쓰라는 말이다. 기어코 손을 베고 말았다. 조심성을 내세워 되받고 싶었지만 상황종결을 하고 싶은 마음에 꾹 참고 까던 밤 그릇을 슬쩍 치우고 만다.

시댁에 갈 때마다 부엌칼이 거슬렸다. 항상 날이 서게 갈아

놓는 바람에 칼질이 서툰 나는 손을 자주 베었다. 한 번 심하게 다친 후로는 늘 가방에 반창고를 준비해 가지고 다녔다. 반창고 붙인 손가락을 들킬세라 전전긍긍하면서 애를 먹기도 했다. 가끔 시어머니나 시누이 몰래 부엌바닥에 날을 비벼서 무디게 만들어 써 보지만 긴장된 마음은 아무리 조심을 해도 소용이 없었다. 서툴고 어긋나던 칼질의 기억은 손가락에도 마음에도 트라우마로 남아있다.

어설픈 시댁에서의 부엌생활이 어려웠던 만큼 지금도 나는 칼이 잘 들면 두렵다. 과일이라도 깎으며 식구들이 투정을 부려도 나는 한사코 갈아놓지 못하게 한다. 무딘 칼이 더 위험하다고 말하지만 칼에서 만큼은 누구에게도 내 방식을 양보하지 않는다.

무딘 칼을 선호하는 반면에 무딘 성격의 사람은 별로 좋아하지 않았다. 우유부단하고 의견이 분명치 않다는 생각에 선이 분명한 사람을 좋아했다. 공과사가 분명하고 대화의 핵심을 잘 정리하는 사람을 만나면 명쾌한 해답을 얻는 것 같아 기분도 개운했다.

결혼 후 중년이 다 되도록 나는 절제하는 생활을 해야 했다. 나보다는 남편의 생활에 맞춰야 한다는 생각에 극도의 절제가 필요했다. 직업의 특성도 있지만 사회와 동떨어진 곳에서 모여 사는 가족들의 생활이고 보니 조심성 없는 언행이 물의를 일으키는 걸 많이 보았기 때문이기도 하다.

많은 걸 절제해야 하는 만큼 또 많은 걸 보호해주던 울타리 밖으로 나온 나는 대충 넘어가는 일을 보지 못하고 듣는 쪽보다는 말을 많이 하는 입장이 되어가고 있었다. 그런 나를 남들은 시원시원하고 대변을 잘 한다고 했지만 가끔은 그런 내가 스스로 피곤했다. 하지만 시간이 지나면서 합리적이라 생각되던 나의 성격보다는 조용하고 때론 무딘 것처럼 보이는 사람이 상대를 편안하게 만든다는 사실도 서서히 깨달았다. 문득문득 예전의 나를 돌아보며 반성하는 마음이 슬그머니 고개를 들었다. 논쟁하듯 토론을 하고 나면 예전과 다르게 마음이 개운치 않고 후회가 앞선다. 목소리를 높이지 않고 부드러운 성품을 가진 사람을 만나고 오는 날은 마음이 평화롭고 머리까지 맑아진다.

습관처럼 성격이 불끈 나오기도 하지만 이제는 좀 더 남의 이야기에 귀를 열고 싶다. 더러 내 생각과 다르더라도 내 잣대로 재단하려 하지 말고 느긋하게 기다려 볼 일이다. 약간의 가시가 보여도 상처를 주거나 날카롭게 지적하고 잘라내는 말 또한 무딘 감정이 되려 한다. 혹여 약속시간에 늦는 사람이 있더라도 예전처럼 조바심치지 않고 기다려본다. 집안에서의 내 목소리도 낮추는 중이다. 무딘 칼로 요리를 하면서도 지금껏 무리 없이 살아내지 않았는가. 아직은 별로 달라지지 않은 듯하지만 나는 지금 스스로를 무디게 만드는 칼과의 전쟁을 하고 있는 중이다.

들마루에 앉으면

나는 농부의 딸이지만 텃밭 가꾸는 일을 좋아하지 않는다. 하지만 남편은 자그마한 땅이라도 있으면 뭐라도 심고 가꾸기를 좋아한다. 사무실 주위에 각종 채소 씨앗을 뿌리고 키우며 수년간 재미를 붙였다. 봄부터 가을까지 키운 채소들은 뿌듯해 하는 남편의 농사일지를 양념삼아 종종 우리 식탁을 채워주었다.

사업을 정리한 남편이 아쉬워하는 것 중의 하나가 텃밭 가꾸기였다. 궁리 끝에 올봄 도봉산자락에 주말농장 하나를 분양받았다. 남편은 이른 봄부터 거름을 주고 정성을 들였다.

까짓 손바닥만 한 걸 가지고 유난을 떤다고 핀잔을 주었지만 재미를 붙이는 걸 보면서 한편 다행이다 싶었다. 씨앗을 사들고 가는 날이 있는가 하면 어느 날은 모종을 심었다고 했다. 시큰둥한 내게 큰 자랑이라도 하듯 말을 했지만 가볼 생각은 하지 않았다. 무료해 보이는 그 사람의 놀이터라도 되면 그만이다 생각해 버렸다.

밭에 다닌 지 한 달여가 지날 무렵 남편이 함께 가자고 채근을 했다. 꽃바람이 부는 날 바람이나 쐬자는 생각으로 따라갔다. 가지런히 정리된 두둑마다 막 싹을 틔운 새 생명들이 흙을 비집고 나오느라 아우성을 치는 것 같았다. 가꾸고 있는 이들의 취향대로 갖가지의 채소들이 여기저기서 각기 저마다의 모습으로 밖을 향하고 있었다. 봄기운 든 땅 속에서 싹을 틔우고 자라나는 모습이 새삼 신비롭다는 생각이 들었다. 문득 여린 열무 순을 솎느라 엎드려 있는 내 모습이 낯설지 않았다. 텃밭에서 하루를 보내다시피 하던 엄마의 모습이 겹쳐왔다. 씨앗을 뿌리고 비를 기다리며 종종 흙을 헤집어 씨앗의 상태를 확인하고 조바심을 치던 엄마의 모습이 내게서 일어나고 있는 것 같았다.

나는 그날 몇 시간을 그곳에 앉아 있었다. 그날부터 차츰

밭이 궁금해지기 시작했다. 열무는 얼마나 자랐는지, 상추와 시금치를 뜯어 와야 하는 건 아닌지. 이웃 밭의 채소는 얼마나 컸는지. 남편이 없을 때 몇 번 그곳에 다녀왔다. 그리고 또, 봄볕에 나른해질 무렵 몇 가지의 모종을 심었다는 말에 선뜻 따라 나서게 되었다.

밭은 갈 때마다 푸르러진다. 새로 만난 인연들과 인사도 나누고 서로 가꾼 채소에 관심을 둔다. 모종을 나눠주고 먼저 자란 채소를 나누는 그곳에서 색다른 재미와 인정도 느낀다. 불과 서너 달 만에 친숙해진 사람들과의 교류가 신기하기도 했다. 공통된 관심사가 그렇게 쉽게 소통할 수 있게 만드는가 싶기도 하다. 그곳에 가서 사람들을 만나고 들마루에 앉아 산을 바라보고 있으면 시간 가는 줄 모른다. 그곳에 앉아 있으면 물소리 새소리가 자연 속에 있는 나 자신을 일깨워준다. 흙냄새를 맡으며 복잡한 생각들을 정리하기도 한다.

요즘 나는 답답한 마음이 일면 그곳에 훌쩍 다녀온다. 20여 분 걸리는 거리를 걸으며 그곳의 풍경을 생각하고, 물 조리개를 든 어설픈 농부의 발걸음을 생각하고, 들마루에 앉아 채소를 다듬거나 담소를 나누는 사람들의 모습을 떠올린다. 밭이 너르지 않아 딱히 할 일이 없어도 날마다 새로운 풍경을 만들어내는 채소들과의 이야기에 푹 빠져 버린 것 같다.

남편과 함께 있는 시간이 많아진 만큼 부딪히는 일들도 많다. 사소한 일로 의견충돌이 있는가 하면 배려보다는 상처 내는 말들이 서로를 예민하게 만든다. 언제나 편안하고 따뜻한 상대는 아니었겠지만 아슬아슬한 감정의 현실이 위태롭게 느껴진다. 이해와 답답함의 경계를 스스로 허물지 못할 때 그는 소리 없이 밖으로 나간다. 아마 밭으로 향할 것이다. 그곳에서 그도 나처럼 뭉쳐있는 마음을 비워낼 것이다. 서로 말로 나누지 않아도 그곳이 그와 나의 일시적인 치유의 공간이 되었다. 그도 나도 채소와 함께 자라고 있는지 모른다.

빈 집

마당에는 잡초가 무성하다. 한 평 남짓한 텃밭에서는 풋마늘이 웃자라고 있다. 바람에 날아간 플라스틱 바구니가 마당 한 구석에 처박혀 있다. 먼지 쌓인 마루, 쌀 씻는 소리도 사라지고 정리하지 못한 그릇들이 바닥에 나뒹굴고 있는 부엌. 소리가 끊긴 지 오랜 텔레비전이 우두커니 지키는 안방. 적막한 봄날이다.

이 집에서 단출하게 형제들이 자랐을 것이고 든든한 가장이었던 시아버지의 시간도 흘러가 버렸을 것이다. 내가 시집을 와서 이 마당에서 잔치를 했다. 4남매를 결혼시키며 집 안팎이 시끌벅적하고 시부모님의 환갑잔치를 하며 북적거렸던 마당이다. 40여 년 가까이 1년에 몇 번씩 내려오던 집이다.

각자 새로운 울타리를 찾아 떠난 자식들과 곁을 떠난 시아버지의 부재에 외로움을 벗하며 살아온 세월이 수십 년. 이제 시어머니마저도 돌아올 수 없는 길을 향해 두려운 발을 내딛는 시기가 되어 가는 듯하다. 홀로 지키며 하루에도 수십 번씩 여닫았을 손때 묻은 문들이 온기를 잊은 지 오래되었다. 주인의 손길을 잃어버린 세간들이 봄바람에 흔들린다. 사람의 발길이 스치지 않은 안마당 무성한 풀들이 주인의 삶처럼 서글프게 보인다.

다 나아서 돌아올 것이라는 희망을 버리지 않는 시어머니의 건강은 바람 앞에 내놓은 촛불처럼 기약이 없다. 병원 침대에서 내려오지 못하는 시어머니는 지금 세월을 돌릴 수도 없고 누구도 거역할 수도 없는 자연의 이치를 기다릴 수밖에 없는 모습이다. 차마 마주 볼 수 없고 생각하면 더럭 겁이 나는 현실이다.

가족 모두 마음의 준비는 하고 있으나 닥쳐올 일들이 두렵기는 마찬가지다. 아직은 집주인이 출타중이지만 완전히 떠나버리고 난 후 빈 집은 생각만 해도 적막하고 쓸쓸하다. 나도 이런데 이 집에서 추억을 만들며 고향의 정서를 가꿔온 사람들은 어떠할까.

문득문득 생각한다. 꿈이었으면. 옛날로 돌아가 명절이면 십수 명씩 둘러 앉아 밥을 먹고 술상을 차리고 부엌에서 음식냄새로 머리가 지끈거리는 시간이 다시 온다면. 며느리 입장에서 보면 수고로운 일들이지만 그래도 젊음이라는 보너스를 얻는 셈이니 반가워 할 일은 아닐까. 겨우 명절이나 제사 때만 올수 있었지만 가깝지 않은 길을 가슴 졸이며 고속도로를 달리던 긴 시간들이 아득히 머릿속을 헤맨다.

아직은 시어머니의 부재를 인정하고 싶지 않다. 그저 잠시 요양하러 집을 비운 것이라고. 그러나 슬픔의 시간은 닥쳐올 것이다. 잡초가 마당을 덮고 찬바람이 헤집어 놓은 장독대가 처연하다. 착잡한 마음으로 마당을 둘러본다. 햇살 가득한 봄날의 빈집은 더욱 적막하다. 잡초들의 푸른빛도 극에 달해 있는데 조용한 집만이 쇠락해가는 모습으로 그저 시간을 바라보고 있다.

마음의 무게

시어머니의 상태가 많이 안 좋아져서 요양병원으로 모시고 온 남편이 계속 가슴앓이를 하고 있다. 나 또한 돌덩이를 품고 있는 것처럼 가슴이 무겁다. 서로 눈치를 살피고 시어머니의 상태에 신경을 곤두세우고 수시로 걸려오는 전화에 가슴이 철렁 내려앉는다.

내가 시집올 때 채 오십이 안 된 시어머니는 시골 여인답지 않다는 느낌을 받을 정도로 뽀얀 피부에 이목구비가 뚜렷하고 예쁜 얼굴이었다. 멀리 사느라 달리 시집살이 시킨 일도 부딪힐 일도 없었지만 나는 살가운 며느리가 되진 못했다. 시어머니의 툭툭 던지는 사투리를 이해하지 못하고 알아듣지 못하면 속을 끓이기도 했다. 때문에 내가 어렵다는 말씀을 넌지시 내 비치기도 하였다.

여든여섯 해를 넘기신 시어머니가 거동이 힘들어지셨다. 근일 년여를 요양보호사의 도움으로 자택에 계시다가 결국 요양병원으로 옮기게 되었다. 황혼 길에 힘들어 하시는 모습을 보면서 많은 시간 갈등을 하고 괴로워했다. 집으로 모셔야 한다는 생각을 안 해 본 것은 아니지만 엄두를 낼 수가 없었다. 자꾸만 현실적인 환경과 타협을 하는 자신이 미울 때도 있었다. 몇 년 사이에 부쩍 늘어난 요양원이라는 곳이 막연히 노인문제에 도움이 된다는 생각을 가지고 있었지만 시어머니 문제가 닥치고 보니 나는 의식적으로 요양원에 모시는 것을 시대의 추세라는 생각으로 몰아가고 있었다.

친정 부모님은 두 분이 모두 갑자기 쓰러져서 의식이 없는 상태로 몇 개월 만에 돌아가셨다. 간병인이 있어 달리 해드린건 없지만 환자를 지켜보는 시간이 얼마나 무기력에 빠지는지 경험을 해 보았기 때문에 두려웠다. 결국 나는 마음보다는 몸이 편한 쪽을 선택하고 말았다. 고부 사이로 만난 인연, 37년의 인연조차도 책임지지 못한다는 죄송한 마음은 시간이 갈수록 커다란 후회가 될 것이라는 생각은 숨길 수 없다.

시댁 근처에 모셔서 가까이 사는 딸들이나 친척들이 자주 찾아가 마음의 외로움을 덜고자 해도 여러 가지로 마음만 무겁다. 이제 두어 달로 접어드는데 점점 예민해지는 시어머니의 전화를 받을 때마다 어찌해야할지 막막하다. 내 손을 잡고 당신을 두고 가면 어떻게 하느냐고 아이처럼 눈물짓던 모습이 며칠째 아른거린다. 창백하게 야윈 모습이 안타깝다. 그렇게 세상과 멀어져가는 당신의 모습을 남들에게 보이기 싫으셨을지도 모른다.

시도 때도 없이 걸려오는 전화 목소리가 힘없이 늘어지다가도 어느 땐 불같이 역정을 내신다. 환자는 부정과 분노의 과정을 거쳐 타협의 시기로 들어간다는데 지금 시어머님은 분노하며 아픈 현실을 부정하고 계신 듯하다. 노환에 파킨슨병까지 침범한 힘든 시간들이 언제까지일지는 운명에 맡겨보지만 매일 마음속으로 시어머니의 고통을 줄여주었으면 좋겠다는 기도를 해 본다.

시어머니가 계신 곳은 배나무 밭 둔덕 위에 자리하고 있어 풍경이 그만이다. 간간이 터뜨리던 배꽃이 지금쯤 만개하여 하얀 꽃 세상이 되었을 것이다. 그러나 아름다운 풍경이 그분에게 무슨 소용이 있으랴. 고통과 싸워야 하는 시간 속에 묻혀 꽃 풍경조차도 받아들이기 버거울 것인데. 배꽃이 피면 시어머니의 마음도 밝아질 것이라는 우리의 얕은 생각이 환자인 그분에게 전혀 도움이 안 된다는 사실을 미처 알지 못했다. 힘든 시간과 싸우고 계실 생각에 오늘도 무거운 마음으로 하루를 보낸다.

3.

하룻밤 별이 되어

내가 걸어온 길에 가끔 허물처럼 마음 쓰이는 일들이 있을지라도 이렇게 지워졌으면 싶다. 원하든 원치 않던 만나고 헤어지는 일에 익숙한 복잡한 인간관계가 자로 잰 듯 정리되는 것은 아니지만 그 인연들에게도 괜찮은 기억들만 남아 주었으면 좋겠다는 생각을 깨끗한 풍경 앞에서 해 본다.

로텐부르크에서

- 유럽여행의 끝자락

퓌센을 떠나 로텐부르크에 도착한 것은 저녁나절 무렵이었다. 시 청사 탑이 있는 마르크스광장과 기념품이 오밀조밀 늘어서 있는 상점들이 먼저 눈에 들어왔다. 고풍스런 건물들을 에워싸고 있는 성곽 주위로 만개한 봄꽃이 아름다웠다. 생각했던 것보다 도시는 작고 고즈넉했다. 성곽 위에서 내려다본 아늑한 풍경이 눈에 익은 벚꽃 때문인지 낯이 설지 않다는 생각이 들었다.

노을빛이 낮게 깔린 창에 기대고 앉아 저녁 식사를 했다. 붉은 석양은 긴 여행으로 나른해진 몸과 마음을 들뜨게 만들었다. 정지되어 있던 감성이 스멀스멀 살아나 대충 요기만 하고 일어났다. 곁들어 마신 와인이 봄바람처럼 가슴을 휘저으며 여행자를 밖으로 불러냈다.

인파로 북적이던 광장에는 몇몇 관광객이 서성거리고 있었다. 상인들이 거의 철시를 하고 난 후라, 야외카페에도 몇몇 손님만이 차나 맥주 한 잔씩을 앞에 놓고 하루를 정리하고 있었다. 서둘러 광장 맞은편 노천카페에 자리를 잡고 앉았다. 그 도시의 카페 분위기를 느껴보지 않으면 두고두고 후회를 할 것 같은 마음이 나를 서둘게 만들었다. 혀끝을 자극하던 시원한 맥주 맛이 또 하나의 그림으로 머리에 남는 시간이었다. 유럽여행을 하면서 느낀 일이지만 그들의 문화는 밤늦도록 유흥을 즐기는 것 같지는 않았다. 대부분의 가게들이 일찍 문을 닫고 초저녁이면 거리가 한산하여 밤 분위기를 즐겨볼까 하고 거리에 나갔다가는 낭패를 보기 십상이다.

관광객이 모여들던 거리, 중세시대의 건축물들, 그리고 옛날이야기들이 솔솔 흘러나올 것 같은 골목들을 걸었다. 편리함이나 빠름보다 조금은 불편해도 옛것과 자연이 더불어 살아가는 사람들이 가득했다. 돌 하나 꽃 한 그루에서도 그들의 정성과 애정이 묻어나는 듯했다. 깊이를 들여다 볼 수 없는 짧은 스침이었지만 느낌만으로도 그들 삶의 속살을 엿볼 수 있을 것 같았다.

그 예쁜 도시를 다시 방문하기 힘들 것이라는 막연함이 쉽게 잠을 청할 수 없게 만들었다. 다른 사람들의 창에도 늦도록 불이 꺼지지 않았다. 조각달이 사라진 하늘에서는 별들이 금방이라도 쏟아져 내릴 것 같았다. 여행 중에 지나왔던 도시들의 기억을 메모하느라 밤이 이슥토록 테라스 벤치에 앉아 있었다.

매 순간순간의 기억을 하나라도 놓치지 않으려는 마음이 욕심으로 다가왔다. 가는 곳마다 박물관 같은 유럽. 수많은 유적들이 여행자의 마음을 끌어당긴다. 나 또한 그곳 여행을 갈망하며 여러 해를 기다린 사람 중의 한 사람이었다. 어렵게 시간 내어 떠나는 여행이 차츰 쉽지 않을 것이라는 생각 때문에 여행의 막바지로 갈수록 아쉬움은 커져갔다. 지체하지 않는 시간은 아쉬움을 앞세우며 짐을 꾸리게 만들고 이어지는 일정이 바쁘게 지나갔다.

여행에서 돌아오면 편안한 안식의 시간도 찾아오지만 때로는 뭔가 채우지 못하고 돌아온 것 같은 허전함이 일기도 한다. 눈으로 보고 지나쳐온 곳들은 시간이 지나면 가물가물해지지만, 가슴으로 느낀 것이 오랫동안 나를 설레게 만드는 걸 보면 어떤 여행이든 헛고생한 것만은 아니란 걸 깨닫게 된다.

로텐부르크, 그곳을 떠올리면 고요하고 아름답던 골목 창문에 걸린 앙증맞은 꽃들의 이야기와 수공예품 가게들, 크리스마스박물관의 화려함과 눈부시던 기억으로 가슴이 울렁거린다. 때때로, 그곳에서 와인 향에 취해 잠시 나를 잊었던 그날로 날아가고 싶은 충동을 느낀다.

꿈을 키우며

지난가을에 산 감자를 김장용으로 쓰던 항아리에 넣어두고 먹었다. 그 안에 몇 알의 감자가 남아 있었는가 보다. 봄이 되자 항아리 입 밖으로 하얀 줄기가 뻗치고 나왔다. 다용도실 어두침침한 항아리 속에 남아있던 감자가 주인의 무관심 속에 겨우내 제 몸의 양분을 말리며 생명을 키워내는 작업을 해왔던 것이다.

실 같은 잔뿌리가 위태롭게 붙어있는 몸체를 조심스레 꺼내 보니 감자는 쪼글쪼글 말라 껍질끼리 달라붙어있다시피 했다. 생명을 유지하고 있는 모습이 안쓰럽기까지 했다. 볕을 보지는 못했지만 줄기는 제법 통통하여 화분에 심어놓고 정성을 들여 보나 여린 순은 끝이 말라갔다. 장마가 오락가락 하는 여름날 창가로 옮겨 비를 맞혀보지만 쑥쑥 자라지도 못하고 겨우 생명을 부지하는 수준이었다.

쪼글쪼글한 감자를 보며 엄마의 배를 떠올렸다. 엄마의 배는 유난히 많이 터서 주름이 많았다. 5남매를 출산하며 튼 배가 나이를 먹어가면서 은빛의 결을 만들어 놓았다. 가끔 그 배를 만지며 신기해하던 철부지 시절이 떠오른다. 온몸을 짜 내어 우리를 키워낸 엄마의 삶이 감자의 일생과 다르지 않았을 것이다. 당신의 기력이 소진되어 갈수록 새 생명들은 성장하고 터를 잡아 가리라 희망하며 혼신의 힘을 다 했을 것이다.

나는 엄마에게 곰살궂은 딸은 아니었다. 농사일을 딱히 도와본 적도 없고 일상을 세세히 이야기하거나 고민을 대화로 풀어본 적도 없다. 외향적인 성격의 엄마를 이해하려 하지도 않았다. 착하고 성실한 언니나 싹싹하고 부지런한 막내딸에 비해 나는 딱히 불만이 있었던 것은 아니었지만 엄마의 말을 제일 안 듣고 자랐다. 하지만 성격과 외모는 내가 엄마를 닮았다. 이제는 여자로서 농부의 아내로 살면서 힘들었을 엄마를 이해하게 되었다. 나는 엄마가 꿈꾸던 세계를 잘 알았다.

농촌에서보다는 큰 곳에 나가 성공하는 꿈을 늘 가지고 있던 엄마였다. 몸이 약하고 대찬구석이 없는 아버지의 성품 때문에 넓은 세계로 나가지는 못했지만, 엄마는 착한 아버지에게 고마워하고 그만큼이라도 가계를 일군 것에 감사하며 살았다.

어둠과 씨름하며 싹을 키우던 감자를 안타까이 바라본다. 화분 속에서 감자가 달릴지는 알 수 없다. 그러나 지금도 흙 속에 자리한 뿌리가 열매를 달기 위해 안간힘을 쓰고 있을 것이다. 어느 가을날 화분 속을 털어 보리라. 콩알만 한 몇 개의 감자라도 있다면 성공한 것이리라. 그 속에는 말라버려 껍질만 남은 어미 감자도 함께 있을 것이다.

어느덧 나도 제철 지난 감자 같은 처지가 되어간다. 그러나 아쉬워하거나 안타까워하지 않을 것이다. 나도 통통한 감자 같은 시절이 있었으니까.

그 비에 젖고 싶다

자정이 넘은 시각, 오늘도 오작교를 넘어 집으로 향한다. 마음의 갈피를 잡지 못하고 이 다리를 겨우내 넘나들었다. 지난겨울의 한파도 밤마다 나서는 나를 막지 못했다.

몇 년 전 딸아이가 출퇴근이 멀다는 이유로 독립을 선언하고 나갔다. 갑작스런 딸과의 별거가 이루 말을 할 수 없을 정도로 허전했다. 저녁마다 기다리던 지루함도 재잘대던 목소리도 들을 수 없는 안타까움은 전화로만 달랠 수밖에 없었다. 그나마 아들이 집에 있으니 저녁이면 아쉬운 대로 일과를 물어보고 컴퓨터에 문제라도 생기면 체크해 달라는 부탁도 하고, 그럭저럭 시간이 흐르다 보니 적응이 되어갔다.

지난겨울, 나는 또 다른 결심을 했다. 아들까지 독립을 시키기로 한 것이다. 결혼하면 나갈 것을 왜 미리 내보내느냐는 사람들의 말도 있었지만 아들과는 미리 상의가 된 터였다. 집수리를 하고 가전제품을 사들일 때까지만 해도, 그 집에서 새로운 설계를 하고 혼자 널찍하게 생활할 수 있을 아들 생각에 뿌듯했다. 인터넷 설치를 마지막으로 준비가 완료된 아들은, 날이나 풀리면 나가라는 어미의 말을 외면하고 12월 마지막 날 그 집으로 떠났다.

텅 빈 아이들의 방. 저녁마다 아이들을 기다리던 일상이 없어진 날들. 가슴이 뚫린 것 같은 허전함은 나를 버티지 못하게 만들었다. 불면증이 약으로도 제어할 수 없을 정도로 심해졌다. 수면이라는 프로그램을 기억에서 지워 버린 것 같은 두뇌, 머릿속이 빈 강정처럼 숭숭 뚫린 것 같은 느낌이고 극도로 예민해져 스스로 감정 절제가 안 되는 시간들이 나를 괴롭혔다. 사소한 일에도 짜증과 함께 힘들어 하는 나 때문에 둘만 있는 집안이 비상사태가 되었다.

잠 안 오는 긴 겨울밤들, 아들의 집을 오가며 봄을 맞았다. 아파트 단지를 연결해주는 중랑천 샛강 다리를 나는 '오작교'

라 부른다. 허전한 마음을 진정시키려 그 다리에서 한겨울 바람을 얼마나 맞았는지 모른다. 불 꺼진 아들집 창문이 때론 야속하리만치 검은 장벽처럼 느껴졌다. 남편은 저녁이면 안 가느냐며 부추기기도 한다. 그렇게라도 해야 내가 잠이라도 한숨 잘까하여 내보내는 것 같았다.

이제 몇 개월이 지나고 나의 불면증도 약으로 통제할 수 있는 시기가 된 듯하다. 아직은 쉽게 잠들지 못하지만 그나마 약을 먹고 서너 시간은 잠을 이룰 수 있으니 다행이지 싶다. 아이들이 없는 집에 조금은 익숙해졌지만 아직도 나는 그 집으로 향하는 발걸음을 멈추지 못한다. 과일이나 간식거리를 사두었다가 그걸 핑계로 저녁이면 들른다. 어쩌다 저녁이라도 함께 먹는 주말에도 제 집이 편하다며 집을 나서는 아들에게 서운할 때도 있다. 그 마음조차도 비워내야 한다는 걸 알지만 아직은 쉽지 않은 일이다.

부모님도 우리 오남매를 하나 둘 떼어 놓을 때마다 이런 심정이었겠지. 이제야 그 마음을 헤아려 본다. 오늘, 봄비가 내린다. 빗방울을 맞으며 오작교를 지난다. 춥고 우울했던 내 마음까지도 말갛게 씻어 주었으면 좋겠다. 그 비에 젖고 싶은 날이다.

순백의 민낯

무섭게 쏟아지는 함박눈을 맞으며 서둘러 전철을 탔다. 갑자기 퍼붓기 시작한 눈 때문에 전철역은 북새통이었다.

한 시간여를 달려 도봉산역에 도착을 했다. 여전히 눈은 사정없이 내리고 있다. 우산도 없고 집에 다 왔다는 안도감에 역사 밖을 둘러보니 가로등 아래 눈 쌓인 창포공원이 보인다. 이대로 집으로 향하기는 뭔가 서운한 마음에 공원 안으로 들어갔다. 공원은 순백의 세상이 되어 어디가 길인지 가늠할 수가 없다. 우뚝 선 소나무들이 그곳이 나무동산임을 말해주고 살얼음 언 호수가 희미하게 보일 뿐 온통 고요한 눈동산이 되어있다.

도심 속을 달려온 전철이 거친 숨을 토해내며 잠시 정차하다 떠나면 사방이 다시 고요 속에 젖어든다. 어둠이 내리기 시작한 백색의 세상은 신비하리만큼 눈이 부시다. 온통 보랏빛으로 물들었던 창포향도 겨울잠에 빠져 들었나 보다. 마른 국화화분은 눈사람이 되었고 키다리 부들이 수런거리던 호수도 숨을 멈춘 듯하다. 잠시 어디로 발을 떼어야 할지 망설인다. 눈짐작으로 산책로를 찾아 걸음을 내딛으며 경이롭다는 생각까지 든다.

한 시간여 전 선릉역 근처에서 친구들과 헤어졌다. 마음으로야 눈을 맞으며 늦도록 시간을 보내고 싶지만 퇴근 인파에 복잡할 것이라는 생각에 서둘러 헤어졌다. 그리 바쁠 일도 없는데 질척이는 도로에 다들 지레 겁을 먹었던 모양이다. 건너편 도로에 차들이 서행하는 모습을 보니 오늘밤엔 교통체증이 심하겠다는 생각이 든다. 눈 때문에 더욱 붐빌 전철로 퇴근할 아이들 걱정을 한다. 무릎이 시원찮아 미끄러운 길에서 맥을 못 추는 내 현실에 퍼뜩 놀라 조심조심 걸어 나온다. 공원산책에 족히 한 시간은 걸린 것 같다. 뒤돌아보니 내리는 눈 속에 발자국들이 그새 보이지 않는다.

갓 스물이 넘었을 때 크리스마스 전날 카투사였던 친구 오빠가 우리 몇 명을 부대 내 클럽에 초대했다. 화려한 쇼에 정신이 팔려 자정이 넘은 줄도 모르고 있다가 시계를 보고 황급히 나왔다. 초저녁부터 내린 눈이 종아리까지 찼다. 버스도 끊기고 걷기도 힘들었지만 더 무서운 건 통행금지에 걸리는 것이었다. 그래도 선물로 받은 오렌지와 초콜릿 상자를 끌어안고 좋다고 깔깔거리다 기어코 순찰차에 걸리고 말았다. 파출소에 실려 가면서 집에 가려면 밤을 새워 걸을 판이니 한편 다행이다 싶었다. 경찰의 훈계를 받으면서 겁을 먹었지만 통금이 풀리고 첫차 시간이 되자 경찰은 우리를 정류장까지 태워다주었다. 눈이 내리면 파출소 연탄난로 앞에서 꾸벅꾸벅 졸던 그때가 떠오르곤 한다.

내가 걸어온 길에 가끔 허물처럼 마음 쓰이는 일들이 있을지라도 이렇게 지워졌으면 싶다. 원하든 원치 않던 만나고 헤어지는 일에 익숙한 복잡한 인간관계가 자로 잰 듯 정리되는 것은 아니지만 그 인연들에게도 괜찮은 기억들만 남아 주었으면 좋겠다는 생각을 깨끗한 풍경 앞에서 해 본다. 예정된 일은 아니었지만 갑자기 만난 하얀 세상 속에서 순해진다. 사람의 손을 타지 않은 순백의 민낯을 본 때문인지 머리가 젖고 발끝이 축축해도 마음은 푸근하다.

자귀꽃이 필 때면

꽃을 좋아하는 아버지는 일을 마치고 집으로 돌아오실 때마다 들꽃을 한 아름씩 꺾어들고 오셨다. 그 꽃들은 쌀뒤주 혹은 앉은뱅이책상 위에서, 사이다병이나 누군가 쓰고 난 조각배가 그려진 하얀 도자기 향수병에 꽂혀 식구들의 눈요깃거리가 되었다.

자귀꽃이 피기 시작하면 아버지의 꽃 사랑은 더욱 열정적이었다. 저녁나절 대문 안으로 들어서는 아버지의 지게 위에서는 자귀꽃이 춤을 추었다. 귀신나무라고도 불렀던 이름과는 어울리지 않는 하늘거리는 분홍빛 꽃은 바람에 날릴 것 같은 자태로 아버지를 유혹하였을 것이다. 모두가 잠이 드는 저녁엔 자귀 꽃도 잠을 자는 듯했다. 어둠이 밀려들면 깃을 펼친 듯 아름답게 피었던 꽃도 고이 접고 밤을 보낸다.

자귀나무는 우리 집 마당 끝에 단 한 그루 있었는데 그렇게 좋아하던 나무를 울타리에 둘러 심었으면 보기에도 좋았으련만. 그게 어려운 일도 아니었을 텐데 새 집을 지으면서도 많이 심지 않았던 까닭은 아마 귀신나무라 불렀던 때문이었을지도 모른다.

캘리포니아에 사는 여동생 집에 갔을 때였다. 집 앞 공원에 자귀나무가 산책로를 따라 늘어서 있었다. 그 먼 나라에 그렇게 많은 자귀나무가 심어져 있을 거라고는 상상도 못했다. 부챗살 모양의 꽃들이 아침마다 산책하는 나를 맞으며 아버지를 떠올리게 만들었다. 아버지가 그곳에 가셨을 때도 그 꽃을 보았을 것이다. 꽃을 보면서 딸의 외로움의 무게가 조금이라도 가벼워지길 바라지는 않으셨을까. 동생과 자귀나무 아래에서 돌아가신 아버지 이야기를 한 동안 나누었다. 자귀꽃을 볼 때마다 동생도 아버지를 떠올릴 것이다.

올해도 자귀꽃의 계절이 왔다. 누구든 추억거리가 있어야 관심이 가듯 나 또한 자귀꽃의 추억은 해마다 되살아나는 아버지의 향기이고 아버지의 얼굴이다. 아버지 지게 위에서 춤을 추던 꽃들의 이야기는 젊은 아버지의 열정이었다. 꽃다발 속에 담겨있던 아버지의 표현이 다소 서툴렀지만 우리는 그게 진한 사랑표현이라는 걸 알 수 있었다. 그만큼 자상한 아버지를 많이 좋아했던 시절이다. 해마다 자귀꽃이 필 때면 아버지를 생각하고 멀리 있어 자주 만날 수 없는 동생을 생각한다.

돌담길을 걷다

창경궁 돌담길을 걸으며 지나온 시간이 꽤나 길다.

이 길을 걸어 창덕궁 앞을 지나면 운현궁과 나란히 붙어있는 덕성여대 교정이 나온다. 20여 년 가까이 나는 이 돌담길을 오가며 덕성여대에 나가고 있다.

돌담길을 걸으면 운치 있는 풍경에 젖기도 하고 많은 상상 속에 갇힐 때도 있다. 내가 살아보지 못한 과거로의 여행을 하면서 궁 안에서 나라를 통치하던 왕들이나 그 외의 숱한 삶 또한 상상을 해 보는 것이다.

왕의 여인들 삶은 어땠을까. 권력을 가지려 다툼질을 하던 인물들은 어떠했을까. 역사로 만나는 과거지만 그래도 시대마다 족적을 남긴 인물들이 이어져 지금의 우리까지 온 것은 아닐까. 은밀한 담 안의 지존들과는 아랑곳없이 궁 밖에서는 변함없는 민초들의 삶이 존재 했으리라. 그들 역시 그들만의 역사를 만들며 한 시대를 풍미했을 것이다. 역사 속에 뒤엉킨 과거는 우리들의 현재 모습이기도 하고 미래의 모습이기도 하다.

손바닥만큼이나 커다란 가로수 잎들이 지천으로 깔려 있어 발끝에 사각거리는 소리를 듣고서야 과거가 아닌 현재의 길을 걷고 있다는 생각에 깜짝 놀란다. 이 길은 가을이 제격이다. 창경궁과 창덕궁의 단풍을 지나며 누구라도 이 길을 걸으면 커피와 함께 그리운 이들이 떠오를 것이다.

창덕궁 옆 작은 공원에는 단풍나무 붉은 잎이 휘어져 벤치에 걸터 앉아있는 듯하다. 그 곁을 걷는 내 모습 또한 지금 가을의 모습이다.

이 길을 걸어온 시간. 내게도 많은 변화가 있었다. 중년으로 막 접어들기 시작한 사십 중반, 글이라는 문으로 들어섰다. 그리고 내 이야기를 기억해 내고 활자로 남기는 일에 매달렸다. 서툰 시작이었지만 나름대로 보람도 있었다. 그 일은 내 삶의 일부분이 되어 행복한 진행형이 되고 있다. 고궁 길에서 감상에 푹 빠지는 것도 그 때문일 것이다. 글이라는 과제를 깊이 사유하고 자신을 끄집어내는 일에 몰두할 수 있기 때문에 고즈넉한 돌담길에 남다른 애정을 느낀다.

차량의 소리에 도심이라는 걸 깨닫게 하는 이 길이 지금 한창 공사 중이다. 얼마 지나지 않아 지하차도가 뚫리고 차도 위로 공원이 조성된다. 내가 즐기던 길 역시 과거 속으로 사라질 것이다. 창경궁과 창덕궁 비원을 연결하는 공원이라니 기대할 만하지만 돌담길의 분위기와는 다른 느낌이 될 것이다.

한 계절을 보내며 또 한 계절을 불러오는 소리가 들린다. 이 길이 남아 있을 때 가을의 정취를 맘껏 누려보리라. 나의 20여 년 추억도 새롭게 묶어 보리라. 오래오래 돌담길을 기억 속에 담아 놓으리라. 오늘따라 바람에 스치는 커피향이 머릿속까지 더욱 맑게 만든다.

하룻밤 별이 되어

남이섬에 도착할 즈음 해질녘의 저녁 안개가 물 위로 서서히 내려앉고 있었다. 강가에 자리한 아담한 펜션은 서너 명이 유하기에 적당한 집이었다. 집 안에는 작은 그림 몇 점과 붙박이 선반에 가지런한 책들이 시선을 끌었다.

서둘러 짐을 정리해놓고 산책길을 나섰다. 이미 나목이 된 숲길에 퇴색해버린 은행나무 잎이 수북이 쌓여 있었다. 걸을 때마다 발등까지 묻히는 폭신한 느낌이 색다르지만 싫지 않았다. 젖은 낙엽 밟히는 소리도 산책하기에 더없이 좋은 분위기가 되었다. 드라마로 유명해진 까닭에 일본이나 중국의 관광객들의 소리가 간간이 들렸다. 나들이객도 섬도 강물도 그렇게 겨울이 깊어가는 소리를 듣고 있는 듯 했다.

어둑해진 숲길을 돌아 펜션으로 들어갔다. 집안은 따끈따끈했다. 제법 걸은 탓인지 온몸이 나른하게 풀어졌다. 거실에 누워 밖을 보니 단풍나무 사이로 실눈 같은 쪽달이 강물을 내려다보고 있었다. 우리는 조촐한 와인파티를 했다. 각자 살아온 이야기를 꺼내놓고 대수롭지 않은 이야기를 하면서 많이 웃었다. 주부의 자리도 엄마의 자리도 벗어난 홀가분함은 우리에게 편안한 여행의 자리를 마련해 주었다.

숙소에는 텔레비전도 시계도 없다. 좋은 사람과의 시간을 잡념 없이 쉬고 가라는 배려인 듯했다. 답답한 마음도 잠시 조금 지나고 나니 뉴스나 드라마를 보지 않아도 아무렇지 않았다. 선반 위 책들도 펼쳐 볼 수 있고 우리만의 이야기에 빠져들 수 있었다.

각기 다른 환경 다른 추억을 지니고 살지만 남편의 직업이 같았던 공통점이 있는 여인들이다. 결혼 후 서로 엇비슷한 삶의 길을 걸어 왔다. 가까이 살면서 삶의 교차점을 늘려가는 일은 행복의 나이테가 더해지는 일임에 분명하다.

자정이 훨씬 넘어 자리에 누웠지만 분위기 때문인지 제대로 잠을 이루지 못했다. 잠을 놓쳐버린 우리는 깊어진 어둠을 내다보았다. 까만 하늘의 무수한 별들, 별빛 내려앉은 강물, 서걱거리는 바람이 잠을 빼앗아갔다. 서로의 유년을 떠올리고 고향을 맴돌고 신혼 시절을 되살려내며 밤을 지새웠다.

새벽은 안개에 휩싸여 몽환적인 신비함으로 숲속을 헤집고 스며들었다. 수탉의 시원스런 울음소리도 고요를 깨며 새벽을 안고 왔다. 누가 먼저랄 것도 없이 일어나 밖으로 나갔다. 잠에서 채 깨어나지 않은 섬은 물안개로 뒤덮여 있었다. 강을 따라 이어진 오솔길을 한참 돌고나서야 하늘에 닿을 듯 솟아오른 나목들 사이로 희붐한 아침이 열리기 시작했다.

숱한 이야기를 풀어놓던 여인들은 그 밤 꿈을 꾸며 별빛 쏟아져 내리는 하늘로 날아오르고 싶었을지도 모른다. 그 밤의 시간들은 별이 되어 그 섬의 기억과 함께 우리를 따라왔다.

찔레꽃

학교를 오가는 한적한 마을 길목에 초가집 한 채가 있었다. 5월이 오면 그 집 울타리에서는 찔레꽃 향기로 나른해진 하굣길 우리의 발길을 잡곤 했다. 찔레나무를 심기 전에는 수수깡을 세우고 싸릿대를 얼기설기 엮어 사립문을 달아놓은 허술하기 짝이 없는 울타리였다. 밖에서도 훤히 들여다보이는 작은 마루에는 무엇 하나 번듯한 살림살이가 보이지 않아 궁색해보이기까지 했다. 몇 해를 오가며 그 집 주인을 마주친 적도 없거니와 대수롭지 않은 촌가의 모습이려니 하고 무심히 지나 다녔다.

그 집에 봄 향기가 풍기기 시작한 것은 주인이 바뀌고부터인 듯싶다. 앞마당에 기저귀가 널리고 휑하던 마루 끝에 하얀 쌀통이 놓이면서 뭔가 모를 반짝거림이 엿보이기 시작했다.

겨울방학이 끝나고 개학한 지 얼마 지나지 않아 수수깡 울타리가 말끔히 걷히고 지게 위에 가득한 가시나무를 젊은 남자가 심고 있었다. 아기를 들쳐 업은 새댁은 그 곁에서 일을 돕고 있었다.

그 해 엉성한 가시나무에서 푸릇푸릇 이파리가 나오고 몇 송이의 하얀 꽃이 애처롭게 피어났다. 그것이 찔레꽃임을 확실히 알게 된 것은 이듬해 봄이었다. 한 해 동안 자리를 잡은 나무는 하얗게 핀 꽃향기로 지나는 사람들을 사로잡았다. 누구든 그 자리에 멈춰서 코를 대 보고 가는 것이다.

해가 갈수록 나무는 무성해지고 꽃은 더욱 향기로워졌다. 우리는 찔레꽃향기를 기다리며 덩달아 들떠 있었다. 훤히 들여다보이던 마루는 찔레꽃에 가려 잘 보이지 않았다. 가을이면 빨간 열매가 조랑조랑 매달려 눈이 내릴 때까지 장식처럼 울타리를 꾸며 주었다. 잎이 지고 나야 보이는 마루를 호기심에 들여다보면 잡다한 살림살이로 어린 아이가 두어 명 정도 된다는 걸 가늠할 수가 있었다.

학창 시절 추억과 멀어진 어느 날 친정집을 가면서 불현듯 그 길, 그 집이 떠올랐다. 신작로를 비껴 옛 길로 접어들면서 마음은 이미 예전 분위기에 젖어 있었다. 눈이라도 마주치면 빙그레 눈웃음만 건네던 새댁. 꽃무늬 포대기로 늘 아기를 업고 있던 모습과 함께 울타리 곁을 기웃거리던 친구들의 얼굴도 회상해보았다.

기저귀가 나부끼던 빨랫줄에는 초등학생의 것으로 보이는 옷가지들이 널려있고 초가지붕은 붉은 기와로 바뀌어 있었다. 찔레나무는 어른 키만큼 자라 여전히 5월의 향기를 내뿜고 있었다. 그 집 그 젊은 새댁의 역사는 찔레꽃과 함께 깊어가고 있는 듯했다.

'장사익'이 부르는 '찔레꽃'은 눈물이 날 만큼 애절하다. 그 노래를 듣고 있으면 가슴 밑바닥 저만치에서 잠자고 있던 그리움들이 밀려 나온다. 자글자글 끓어오르는 신열 같은 감정도 일어난다. 오늘도 그는 텔레비전 화면 속에서 흐느끼듯 혼신을 다해 '찔레꽃'을 부른다. 그러나 내 기억속의 찔레꽃은 언제나 첫사랑의 향기처럼 풋풋하다.

신도시 개발로 사라져 버린 그 집의 기억도 아슴푸레하다.

할머니가 되었을 새댁이 또 어딘가에서 찔레꽃을 흐드러지게 피우고 있을 것이라는 생각이 그 5월의 기억만큼 아련하게 떠오른다.

자연을 닮은 사람들

라오스여행에서 고산지역 화전민으로 사는 몽족을 만났다.

작은 체구에 가무잡잡한 피부를 가진 그들은 유독 커다랗고 순한 눈망울을 가지고 있었다. 몇 시간을 산허리를 돌아도 평지라고는 찾을 수 없는 곳에 아슬아슬하게 걸터앉은 집들이 위태로워 보일 만큼 열악해 보였다.

몇 마리 안 되는 가축들은 축사도 변변치 않아 제멋대로 돌아다니고 달리 할 일이 없는 아낙들은 고만고만한 어린것들을 끼고 앉아 전통 수 공예품을 만들고 있었다. 대나무로 얼기설기 엮어 만든 원두막 같은 가옥구조, 남루한 옷차림, 흙

투성이의 손과 발. 그리고 수십 년 전 우리네의 형제들처럼 집집마다 아이들이 많았다. 낯선 이방인의 방문에 호기심 어린 눈빛의 아이들은 졸졸 따라다니며 수줍게 웃었다. 길옆에 몇 그루씩 서 있는 바나나나무가 그들의 주식인 것 같았다. 문화 혜택을 받으며 살고 있는 우리들이 보기에는 안타깝고 딱해 보이지만 그들의 표정은 평화로워 보였다.

가이드의 말에 의하면 베트남 전쟁 때 미국에 협조한 대가로 전쟁이 끝나자 산 속으로 숨어들었다지만 그들은 선조 때부터 이곳에 살았을 것이다. 험준한 산자락을 개간해 놓은 예술적인 경작지를 내려다보며 그런 생각이 들었다. 화전을 일구려고 불을 놓은 곳이 간간이 눈에 띄었지만 위험하다기 보다는 그조차도 삶의 일부분처럼 느껴졌다. 그곳에서, 나는 지금껏 어떤 여행에서도 보지 못한 문명과 떨어져 자연과 닮아 있는 사람들을 만났다.

험한 준령을 넘어오다 우리가 탄 버스가 고장이 났다. 정비소도 없는 곳에서 운전기사의 응급 수리를 기다리는 동안 마을 주민들의 생활을 엿볼 수 있은 기회가 생겼다. 맨발로 드나드는 거실 겸 주방, 온 식구의 침실도 되는 듯한 바닥에 아이들이 모여 미나리를 다듬고 있었다. 도랑에서 미나리를 뜯어 나르던 아낙의 손이 물에 불어 쪼글쪼글했다. 그 손으로 물 한 컵을 따라 주며 웃는 표정이 소박했다. 양배추 밭에 물을 주려고 제 키만 한 양동이로 물을 퍼 나르는 아이들도 보였다. 화전민보다야 나아 보였지만 궁핍해 보이는 살림살이가 어린아이들과 뒤섞여 마음을 짠하게 만들었다. 그들의 삶은 순수하고 맑은 자연이 전부일 수도 있다. 그들을 보면서 한국전쟁 후 외국 선교사들의 눈에 비친 모습이 지금 우리가 마주한 그들과 다르지 않았을 것이라는 생각이 들었다.

산간 마을 학교를 방문했을 때 운동장에서 흙먼지를 날리며 뛰어 노는 아이들의 맨발이 눈앞에 계속 아른거렸다. 집으로 가도 달리 놀이 문화가 없을 듯싶었다. 우리네 아이들처럼 여러 학원을 돌지 않아도 되는 그 아이들은 어쩌면 행복한 어린 시절을 보내고 있는지도 모른다. 흙에 주저앉아 놀아도 먹을거리가 넉넉하지 않아도 불행하다고 생각지 않던 우리의 어린 시절도 있었기 때문이다.

이제는 강원도의 화전민이 있었다는 말도 옛 어른들의 이야기 속에서나 들을 수 있게 되었다. 화려한 문명이 행복지수와 비례하지는 않을 수 있다.

산을 내려와 쏭강을 만나고서야 문명의 냄새를 맡을 수 있었다. 관광사업이 아직은 크게 발전이 안 되었지만 강가에 늘어선 리조트들이 미래의 라오스를 보는 듯했다. 자연을 닮은 사람들은 앞으로 어떻게 살아가게 될까.

노을이 가슴을 흔들어도

답답하거나 속상한 일이 생길 때 나는 쉽게 풀어 버리지 못하고 속을 끓이며 참아내는 습성이 있었다. 누구에게 불편한 심기를 내보이지 않는 게 자존심이라고 생각했다. 그러자니 스스로 풀어지는 시간이 필요했다.

중년이 되니 모임이 많아지고 차츰 내게도 술 문화가 예사롭지 않게 되었다. 부부동반 회식자리에서 한 모금씩 마시던 맥주가 언젠가부터 부쩍 즐기는 단계로 발전을 하게 되었다. 목 줄기를 타고 들어가는 맥주의 짜릿함은 나를 위한 힐링의 묘약 같았다. 우울할 때 맥주를 마시는 기분은 집안에서 끙끙

거리던 그 답답함과는 비교될 수가 없었다. 특히 생맥주를 좋아하게 되었는데 그 한 잔만으로도 답답함을 푸는 나만의 피난처이자 방법이 되었다.

맥주 집을 찾는 횟수가 점점 늘어갔다. 적당한 취기로 어깨가 펴진 사람들의 이야기가 펄펄 날아다니고 뜨거운 감정이 되살아나는 곳에서 나도 기분을 돋우며 하나가 되어 갔다. 남편도 술상대가 되었고 성년이 된 아이들도 술친구가 되었으며 저녁외출이 허용되는 친구들과 오붓하게 만나는 밤 문화의 장소이기도 했다.

투명한 유리잔에 이는 거품은 어떤 음료보다 매력적이었다. 맥주잔의 손잡이를 잡는 순간 입에 대기도 전에 감정이 흔들린다. 기분 좋은날은 어김없이 맥주 한 잔으로 대신하고, 저녁을 밝히는 조명등이 켜지면 빌미거리를 만들어 식구들이라도 대동하고 단골집으로 간다. 여행 중에도 어떤 음식보다도 맥주에 집착하는 버릇이 생겼다. 그 나라 그 지역의 맥주 맛을 보기 위해 카페나 심지어 편의점 맥주까지 섭렵을 한다. 여행가방에서 값비싼 양주보다 갖가지의 캔맥주가 나오는 건 예사다.

어느새 진정한 술꾼이 되었다고 생각을 하였는데 아이들이 분가를 하게 되어 식구들의 맥주파티는 힘들어졌다. 건강문제로 금주를 하는 친구들도 늘어갔다. 내게도 이상이 생겼다. 입에 착 감기던 생맥주의 시원한 느낌이 나도 예전처럼 상큼하지 못하다는 것이다. 더구나 심하게 한 번 앓고 난 뒤로는 영 그 맛을 찾을 수가 없다. 술이 몸에 좋은 건 아니니까 한편 다행이다 싶기도 하다.

가끔은 겁없이 맥주 집을 찾던 때가 그립기도 하다. 허전한 마음을 채워주기도 하고 집에서는 껄끄러운 가정사의 토론장으로도 좋은 장소였다. 맥주 집 간판을 보면 슬그머니 웃음이 나올 때가 있다. 모두가 젊은 한때라는 어른들의 이야기도 떠오른다.

요즘은 잠이 오지 않거나 마음이 심란할 때 컴퓨터에 앉아보지만 과감하게 현관문을 박차고 스스럼없이 한 잔 하러 나갈 때처럼 시원치가 않다. 애틋함이 사라진 가을바람 같은 무덤덤한 부부의 일상이 답답해도, 노을이 가슴을 흔들어도 속시원히 해소할 방법이 생각나지 않는다. 차갑게 목구멍을 찌르는 맥주 한 잔이 그립다.

4.

아름다운 시간들

둥 지

도봉산 자락 아래 거처를 정한 지도 20여 년이 되었다.

낯선 지역에서의 정착을 많이 망설였지만 어쩔 수 없이 결정을 해야만 했다. 초등학교를 여러 번 옮긴 아이들에게 중고등학교에서까지 전학을 시킬 수는 없는 일이었다. 그 시기에 남편의 근무지가 근처였기 때문에 의정부에서의 생활이 자연스레 이루어진 것이다.

우리는 이곳 의정부에서 몇 해만 살 작정이었다. 아이들이 대학에 갈 즈음이면 오래 살 곳을 찾아 떠나려는 계획을 세웠다. 군사도시이고 미군부대가 많아 정착하기에는 그리 좋지 않은 곳이라는 나의 오랜 편견 때문도 있었다. 하지만 생활이 계획대로 만만하게 이루어지지가 않았다. 사회에 나온 남편의 회사가 근처에 있어 이사하기가 쉽지 않았다. 대학생이 된 아이들은 통학을 하게 되었다.

이러저러한 이유로 눌러 앉게 된 도시 의정부.

나는 오랫동안 의정부에 주거를 두고 있으면서도 의정부에 대해 아는 게 별로 없었다. 시민들에게 주어지는 문화 혜택이나 시에서 주관하는 행사는 물론이거니와 언제나 정들지 않는 도시처럼 낯이 설었다. 생활권을 한 정거장 사이에 있는 서울에 두고 의정부의 이방인처럼 살았다.

그 사이 경기 제2청사가 생기고, 새로 지은 시청 주위에 아름다운 공원과 문화예술을 만날 수 있는 예술의 전당이 세워졌다. 시민들이 어우러져 축제를 할 수 있는 잔디광장도 만들어져 이런저런 행사도 많아졌다. 미군 부대가 철수하면서 도시가 확장되고 경전철로 연결되는 대단지의 주거단지도 늘어났다. 의정부역도 단장되고 백화점과 연결되어 화려하게 바뀌었다. 20여 년 전과는 많이 달라진 모습의 도시가 되어가고 있다. 이 도시에서 나는 두 아이를 결혼시키고 남편은 은퇴하여 노후의 삶이라는 인생의 가을을 지나고 있다.

집에서 훤히 바라보이는 산. 도봉산과 수락산이 양 날개처럼 감싸고 그 사이에 중랑천이 있어 나는 그 풍경을 우리 집 정원이라고 공공연하게 말한다. 시골스럽지 않으면서도 시골의 정취를 느낄 수 있는 곳이다.

창밖의 도봉산은 아름답고 선명하게 계절을 보여준다. 새순을 틔우며 시작한 봄은 초록의 계절을 안겨주는가 싶다가도 어느새 유혹을 떨칠 수 없는 단풍의 색감을 보여준다. 한겨울 설경은 자연 속에 묻혀 있는 듯한 착각에 빠지게도 만든다. 중랑천 변 산책길에서 만나는 야생화는 늘 소리 없는 이야기를 담고 있다. 여름철 소낙비가 도랑물을 채워주면 개구리 울음소리도 들리고, 잊었던 여치소리가 들리면 갈대가 꽃을 피우고 들국화가 진한 향기로 가을을 알린다. 언젠가부터는 이곳을 떠난다는 생각을 아예 접어 버렸다.

고향 다음으로 긴 시간 살아온 도시다. 짧지 않은 세월 동안 정도 들었고 문우들의 교류도 생기고 이웃들과의 만남도 소중하게 느낀다. 정들만 하면 떠나던 삶이 이제 비로소 자리를 잡은 느낌이기도 하다. 잠시 머물던 여러 도시에 대한 향수는 늘 가슴 언저리에 맴돌고 고향 또한 그리움으로 무섭게 엄습하곤 한다.

나는 이곳에서 주부로 엄마로 가장 바쁘고 열정적인 삶을 살았다고 생각한다. 의정부댁이 된 지 20여 년, 내게 주어진 의무를 다 하면서도 가슴을 휘저으며 문득문득 허전해지던 내 중년의 시간도 평화를 찾아가고 있다.

어느 일요일

대절버스를 놓쳤다.

식장 앞에 대기하고 있어야할 버스가 보이질 않았다. 하물며 하객들조차 찾을 수가 없다. 난감하기 그지없다. 혹시나 하고 기다려 보았으나 여전히 버스가 나타나질 않았다. 새벽부터 서둘러 대전까지 친구네 결혼식에 참석을 하였는데 그곳에서 버스를 놓쳤으니 당황할 수밖에.

식이 끝나고 친구들은 커피를 마시러 자리를 옮겼다. 대전에 사는 친구까지 합석을 하여 반갑기 그지없었다. 자주 만나는 친구들이었지만 이야기는 길어졌다. 그간의 근황이나 아들 딸은 물론이고 며느리 사위 심지어 손자들이야기까지 이어졌다. 시계를 연신 들여다보던 친구는 수원행 버스 출발할 시간이라며 먼저 일어났다. 서울행은 아직 30분이나 남았다며 우리는 개의치 않았다. 잠시 뒤, 먼저 나간 친구가 버스가 모두 출발하는 것 같다며 전화를 하였지만, 갈 때 운전기사와 약속한 시간을 믿고 우리는 눌러 앉았다.

기사와 약속한 시간이 다가오자 몇 명은 가지고 온 승용차로 출발을 하고 남은 다섯 명이 버스 대기 장소로 갔는데 버스가 없는 것이다. 대전에 사는 친구는 이 참에 놀다가 자기 집에서 자고 가라고 하고 누구는 미리 떠난 버스회사에 항의를 해야 한다고 하고 의견이 분분했으나 금세 정리를 하였다. 좋은 일에 참석하여 공연히 혼주까지 신경 쓰이게 하지 말고 우리끼리 여행하는 셈치고 고속버스를 타고 가자고 기분 좋은 결론을 내렸다.

그렇게 서울에 온 우리는 아직 남아있는 해를 아쉬워하며 지하상가를 헤매었다. 휴일이라 인파는 헤일 수 없이 많고 옷 구경이라도 하려니 사람에 밀려다니는 기분이었다. 고속터미널 지하상가는 복잡하기가 이루 말할 수 없어 얼마 지나지 않아 지쳐버렸다. 백화점을 찾아 들었지만 붐비기는 마찬가지였다. 하는 수 없이 10층 식당가를 찾아 피곤한 다리를 쉬게 하였다. 남산이 보이는 창밖으로 석양을 마주하니 피곤이 사라지는 기분이다. 해도 해도 끝이 없는 이야기는 아직도 진행 중이다. 오랜만에 타본 고속버스의 안락함에 대하여, 채 두 시간도 걸리지 않는 대전과의 거리에 대하여, 오늘의 오붓한 여행에 대하여, 그리고 또 하나의 추억 거리가 될 예기치 않았던 즐거움에 대하여.

혼주가 커피 값이라고 챙겨준 돈으로 조금은 비싼 요리를 주문했다. 불현 듯 찾아온 우리만의 여행을 즐긴 짧은 하루다. 오늘의 혼주인 인도네시아에 살고 있는 친구가 선물해준 이번 여행이 고맙다. 석양빛에 비친 친구의 얼굴에 살짝 잔주름이 보일 만큼 세월이 가고 있다.

오늘을 함께한 친구들, 같은 고향을 가진 친구들이다. 사춘기를 겪으며 성장하고 소녀의 감성을 함께 키워온 친구들이다. 때문에 공감하는 부분이 많고 웃을 수 있는 이야깃거리도 많다. 이제 60의 고개를 넘었지만 아직도 우리는 유년의 기억에 머물러 있다. 그래서 좋다. 추억을 찾아가는 일에 혼자가 아닌 동반자가 있어 옛날로 돌아가는 길이 외롭지 않아서 좋다.

밤이 무서워

동틀 기미가 보이지 않는 시간에 몇 번이나 시계를 보고 밖을 내다보는 날들이 잦아졌다. 어젯밤도 좌불안석 누웠다 일어나기를 반복해야했다. 잠은커녕 정신만 점점 또렷해져서 아직 멀리 있는 새벽을 기다리며 찬바람 부는 창문만 열어보다가 긴 밤을 보냈다.

나이 탓인가 생각해보니 꼭 그런 것만도 아니다. 오래전부터 잠자리가 바뀌면 잠을 설쳐 고생을 했다. 하물며 온종일 걸려 귀향을 하는 명절에 차에서 시달리고 음식준비 하느라고 몸이 녹초가 되었던 때에도 예외 없이 뜬눈으로 밤을 새우곤 했다. 그런데 이제는 집에서나 밖에서나 점점 심해져 여행이라도 할라치면 필히 수면제를 준비해야만 하는 형편이니 여간 신경이 쓰이는 게 아니다. 함께 여행을 해본 사람들은 잠 때문에 고통 받는 내 모습을 보면서 안타까워하기도 한다. 며칠간 잠을 못자면 신경이 날카로워지기 때문에 대부분의 밤들은 수면제와 함께 잠자리에 든다.

전에는 그런 날 책을 보거나 일을 하며 밤을 보냈다. 식구들이 잠든 시간에 집안일을 하면 능률도 오르고 개운한 아침을 맞을 수 있다. 옷 정리나 영수증 정리, 다용도실 정리도 대개 밤에 하는 편이었다. 밤에 빨래라도 하는 날이면 세탁기 소리가 아래층에 들릴까봐 조심스러웠다. 특히 아이들이 어릴 땐 더 많은 일을 했다. 기저귀 애벌빨래, 이불 홑청 꿰매기나 다림질을 밤에 하면 아이들과 씨름하는 낮 시간보다 훨씬 홀가분하고 지루하지가 않았다. 그리고 온전한 나만의 시간이 되면 일기를 썼다. 지나고 보면 철없는 투정만 적어 놓은 것 같아 스스로 부끄럽기도 했다. 때로는 아이들의 웅변원고를 써 주기도 하고 월간지 생활수필응모 원고를 쓰며 행복해 하던 기억이 새롭다. 지금처럼 글공부를 하는 곳이 많지도 않았지만 내 생활이 한 곳에 정착되어 있지도 않았기 때문에 습작처럼 응모원고를 쓰는 일이 즐거웠다.

이제는 잔손이 덜 가는 살림살이 때문인지 밤에 해야 할 일도 줄어들었다. 도시락 반찬도 만들 필요가 없고 매일 세탁기를 돌리지 않아도 되고 틈틈이 정리해둔 다용도실도 누가 어질러 놓지를 않는다. 책을 펼쳐도 몇 분 못가서 눈이 피곤하고 눈물이 나서 덮어버린다.

나처럼 자칭 야행성이라 말하는 친구가 있다. 그 친구도 밤에 주로 집안일을 하고 늦잠을 자는 편이다. 친구는 불면 때문이 아니라 생활 습관 때문에 야행성이 되었는데 그 친구와의 여행은 이해와 공감 덕에 한결 편하기도 했다.

해 떨어진 지가 한참이나 지났다. 오늘 역시 단잠은 틀렸는가 보다. 밤이 무섭다. 이렇게 긴 겨울밤은 더욱 해 지는 게 두렵다. 이 시간 어쩌면 아직 잠들지 않았을 야행성인 그 친구와 따뜻한 차를 마시며 시간을 보내고 싶다. 주전자가 올려진 투박한 난로가 있는 찻집이면 좋겠다. 김이 서린 창에 마른 꽃 몇 송이 걸려 있으면 그만이겠다. 향수를 불러오는 찻잔이라면 더욱 정감이 일지 않을까. 부옇게 동이 터오면 아쉬움 한 자락 남겨두고 새벽길을 걸어올 수 있었으면 좋겠다. 서로 걸어서 오갈 수 있는 거리에 살고 있지 않은 것이 못내 아쉬울 뿐이다.

하얀 그림자

키 작은 느티나무 아래 늘 백발의 두 분이 앉아 있었다. 봄날 연둣빛 이파리가 나올 때부터 가을볕에 나뭇잎 빛깔이 변할 때까지 어김없이 나란히 앉아 있다. 겨우내 모습이 보이지 않더니 해가 길어진 요즘 나무아래 벤치에서 단짝처럼 많은 시간을 보내고 있다.

종일 함께 있어도 대화를 나누는 걸 본 적은 없다. 고작 눈인사만 건넬 뿐 마주 바라보지도 않는다. 서로 귀가 어두워서 알아들을 수가 없기 때문이다. 몇 년을 이웃해 살면서 누가 먼저랄 것도 없이 매일 그 자리에 나란히 앉지만 대화가 되질 않으니 답답할 듯도 하련만 개의치 않는다.

놀이터의 아이들을 바라보며 씽긋 웃어 보이기도 하지만 거의 표정이 없다. 그러다 무료한 듯싶으면 고향 이야기나 젊은 날의 기억을 독백처럼 중얼거린다. 알아들을 수 없는 말이 바람이 되어 날아가고 두 할머니의 시간도 바람이 된다.

서로에게 털어놓고 싶은 이야기도 많을 것이다. 답답한 아파트 생활이나 자식들에게도 털어 놓을 수 없는 외로움을 나누고도 싶을 것이다. 오늘처럼 하늘이 파란 날엔 더욱 풀어놓을 회한도 많을 것이다. 그러나 늘 표정이 담담해 보이는 것은 그 모든 것을 초월한 때문이리라. 서로의 견해나 감정이 섞이지 않은 담백함 때문이리라. 어쩌면 상대의 깊은 이야기를 들을 수 없어서 마음편한 친구가 되었는지도 모른다. 가슴에 묻고 싶은 이야기를 내놓지 않아도 되고 대화로 인한 상처나 자존심을 다칠 필요도 없을 것이다. 굳이 말로 통하지 않아도 눈인사만으로도 반가움이 묻어나는 것도 그 때문일 것이다.

사람의 관계란 참 묘한 것이다. 자주 만나고 많은 대화를 나누며 정이 이어진다. 가까운 사이일수록 모임을 만들어 보고 싶어 하기 마련이다. 바쁜 세상이니 그래야만 만날 수 있는 빌미가 된다. 자주 만나야 대화거리도 많고 서로에게 힘이 되기도 한다. 그로인해 상처를 받기도 하고 경쟁의식도 갖게 되지만 그게 사회생활이고 삶이고 때론 인간관계의 피곤함이라 할 수도 있다. 그러나 홀로 살 수 없으니 이러저러한 인연으로 얽혀 살아내야 하는 게 우리의 과제이다. 그러고 보면 두 노인은 삶의 무게를 하나하나 벗어 던지듯 서로의 관계에 얽히지 않는 까닭에 몇 해를 그렇게 나란히 앉아만 있어도 편안하고 의지가 되는 건 아닐까싶기도 하다.

미동도 없이 앉아있는 백발의 노인을 보면서 문득 슬픈 생각이 들곤 한다. 하얀 그림자 같은 모습이다. 누구도 거부할 수 없는 생의 끝자락으로 가는 길의 도반이 아닐까. 살아온 세월이나 얼굴 생김새는 달라도 황혼 열차를 타고 있는 모습은 닮아있기 때문이다.

작은 느티나무가 고목이 되고 그땐 또 누군가가 나무 아래 서성이는 시간이 있을 것이다. 그리고 그 고목 아래는 하얀 그림자가 된 또 누군가가 삶의 여정을 독백하는 장소가 될 것이다.

길

아무것도 찾아볼 수 없는 황량한 벌판에 서 있다. 붉은 깃발만이 임시로 통행할 수 있는 길을 안내해 준다. 사계절을 어김없이 말해주던 풍경도, 지붕을 맞대고 모여 있던 마을도 가뭇없이 사라져버렸다. 황톳빛 맨살을 드러내고 누워있는 이 벌판에서 잠시 아찔한 현기증을 느낀다.

얼마 전까지만 해도 이곳은 남자의 일터로 향하던 길이었다. 습관처럼 새벽이면 달리던 길이다. 그가 제2의 인생을 설계하고 꿈을 키우던 장소이기도 했다. 대규모 신도시 개발이 시작 되면서 눈에 익은 것들이 하나 둘 사라질 때는 몹시 허탈했지만 때마침 그의 건강에도 적신호가 왔기 때문에 중장비의 기계음을 선선히 받아들였다.

그와 함께 걸어온 길. 군인 가족으로 지낸 삶들이 이 길 위에서 많은 생각들을 불러온다. 아이들이 중・고등학생이 되어 정착할 때까지 여러 도시에 둥지를 틀어야했다. 수없이 이삿짐을 꾸리며 아리따운 시절을 보낸 것 같다. 살림살이가 들어갈 만 한 방을 구하기 힘들어 애를 먹던 기억도, 물이 귀해 한겨울 냇가로 빨래를 다니던 전방에서의 기억도 떠오른다. 직업상 집을 많이 비워야하는 남자로 인해 때로는 힘도 들고 외롭고 버겁기도 했지만, 새로운 이웃들과의 유대관계는 적응을 해 나가는 힘을 길러주었다. 녹록치 않은 계급사회에서의 삶들을 함께 겪었던 사람들. 젊은 날 함께했던 선후배 그리고 동기들이 지금은 든든한 동지가 되고 마음을 나누는 이웃이 되었다.

사회로 출발해야하는 현실은 막막했고 생각보다 쉽지 않았다. 무엇인가를 이루려는 조급함으로 숱한 갈등을 거쳐 결국 사업을 시작했다. 사업을 선택한 남자는 참으로 열심히 해내지 않았나 싶다. 지인의 권유로 경험도 없이 시작한 사업이었지만 노력한 만큼 성취감도 맛보았을 것이다. 카랑카랑한 성격을 누르며 의욕 넘치게 이십여 년 이 길을 달려 왔다. 가장의 의무를 다하기 위해 최선을 다한 사람. 책임이라는 틀이 숨 돌릴 여유도 없이 그를 묶어 버리지는 않았을까. 고되고 힘에 부쳐 지친 날도 있었을 것이고 누구에겐가 기대고 싶은 날도 있었을 것이다. 부부싸움이라도 한 날은 아마 편치 않은 마음으로 새벽길을 달렸으리라. 그런 날 남자는 이 길 위에서 어떤 생각들을 했을까.

이제 사업을 정리한 그 남자에게도 가을빛 같은 나에게도 다시 시작해야할 길이 있다. 그와 나는 지금 어디쯤에 와 있으며 어떤 길을 가야 하나. 정신없이 달려온 길을 이제는 쉬엄쉬엄 가는 지혜도 배워야 할 것이다. 서로를 돌아보며 마주 보는 시간들을 감내해야 할 것이다. 동반자로 함께한 날보다 함께할 날들이 적을 수도 있는 남은 동행의 시간을 차분하게 생각해보는 시기이기도 하다. 둘 다 예측할 수 없는 미래를 향해 달려왔듯이 새롭게 다짐하는 우리의 길이 황량한 이 벌판만큼 외롭지 않은 길이었으면 좋겠다.

돌이켜보면 내가 걸어온 길이 외롭고 힘든 것만은 아니었다. 눈부시게 아름다운 날들은 아니었을지라도 갈피갈피 행복도 보람도 있었다. 힘들었던 날들조차도 그리워지는 건 세월이 많이 흐른 때문이리라.

인생은 모자이크 같다는 생각을 해 본다. 조금 멀리 떨어져 보면 큰 그림이 보이듯 나의 지난 시간들도 수많은 점들이 모여 생의 무늬를 수놓았을 것이다. 때로는 무지갯빛 꿈을 꾸고 내 몫이 아닌 것에 목말라하며 절망도 했지만 그와 내가 가꿔온 소박한 울타리에 만족하고 싶다. 그리고 여러 갈래의 내 삶 언저리에 추억이라는 이름으로 함께한 이들이 있음에 감사한다. 그 인연들의 소중함을 늘 향기롭게 간직하고 싶다.

또 다른 이름

"네 알겠습니다. 공원벤치죠?"

통화가 채 끝나기도 전에 상대방은 전화를 끊었다. 어이가 없었지만 다시 전화를 하지는 않았다. 주문한 짜장면만 제대로 배달해 주면 그만 아닌가.

어느 여름, 이웃들과 집 가까이 있는 공원에서 놀다보니 점심때가 되었다. 그때 중국요리를 시키면서 공원 벤치로 배달해 달라고 했더니 내 번호가 그렇게 입력이 된 듯싶었다.

며칠 전 말린 고추를 볕이나 잠깐 쐬었다가 빻아두려고 공원으로 가지고 나갔다. 지키고 있지 않으면 비둘기의 좋은 놀이터가 되겠기에 비둘기를 쫓으며 한나절을 공원에 있었다. 그때 말동무가 되어 주겠다고 친구가 왔기에 짜장면이나 시켜 먹으려고 전화를 했더니 위치도 듣기 전에 '공원벤치'라는 말로 응대를 하니 웃음이 나올 수밖에 없었다.

배달문화가 우리나라만큼 잘 되어 있는 나라도 드물단다. 지역의 특산물 축제를 가도 배달 전단지를 돌리는 사람을 수없이 본다. 하물며 해수욕장에서도 통닭이나 족발을 시키면 그 너른 모래사장을 잘도 찾아온다. 한강공원 코스모스 축제를 가보니 갖가지 음식 전단지가 수없이 붙어있고 오토바이가 연신 음식 배달을 하고 있었다. 얼마 전 '짜장면 시키신 분'으로 유명해진 마라도를 다녀왔다. 집집마다 걸린 짜장면집의 간판을 보면서 중국요리 집에 입력되어 있는 내 이름을 생각했다. 단 한 명의 고객이라도 놓치지 않으려는 마음이 가상하기까지 하다. 마라도의 짜장면을 먹어보지는 못했지만 티브이에 나온 유행어를 관광 상품으로 만든 섬 주민의 생각에 웃음이 절로 나왔다.

그런데 웃지 못 할 일이 생겼다. 집에서 먹을 일이 있어 중국요리집에 주문을 했다. 30여 분이 지나고 배달이 늦는다 싶더니 배달원의 짜증스런 목소리가 전화기 속으로 들렸다. 공원으로 왔는데 어디에 있느냐는 것이다. 집으로 배달해 달라는 말을 깜빡한 것이다.

어릴 때 남들은 내 이름보다는 별명을 불렀다. 봄에 태어난 갓난아기가 얼마나 울어대는지 꾀꼬리라는 별명이 붙어, 집에서는 물론이거니와 친척들까지도 그렇게 불러 입학통지서를 받고서야 법적인 내 이름을 알게 될 정도였다. 시집오고 나서는 새댁, 누구엄마. 그리고 아파트 생활이 시작되면서 아파트 호수가 나의 이름이 되었다. 이름이란 나보다는 상대방이 기억하기 좋게 부르는 게 맞을지도 모른다. 음식점 노트에 '공원벤치'로 기록되어 있는 내 이름도 그들의 편리성에 의해 기록해 두었으니 말이다.

공원벤치는 산책이라도 하다가 쉽게 걸터앉을 수 있는 자리이고, 문득 보고 싶다 생각이 들면 누구라도 굳이 방문의 형식을 따지지 않고 만날 수 있는 장소이기도 하다. 이름값을 하며 살기가 쉬운 일은 아니지만 이 기회에 새로 생긴 이름값을 해봐야겠다는 생각이 슬며시 든다. 아무런 대가없이 자리를 내주는 벤치 같은 편안한 상대가 되어 남의 이야기에

귀 기울일 줄 아는 사람이 되었으면 싶다. 낙엽 날리는 날 커피라도 한 잔 들고 혹여 소원했던 사람이라도 불러 공원으로 나가볼까 싶다.

장소로 인한 해프닝이 일어났어도 굳이 정정하지 않는다. 단풍이라도 만나러 가는 날 또 중국요리를 주문할 일이 있을지 모르니까. 덕분에 이름 하나가 더 생기지 않았는가.

갈무리하는 시간

항아리를 열었다. 새콤한 향이 코끝에 와 닿는다. 물기가 별로 없는 제 살을 설탕의 진액 속에 쏟아내며 서너 달 몸살을 앓았을 것이다. 노랗게 발효된 액체가 쪼글쪼글 씨앗에 붙어 껍질만 남은 매실을 동동 띄워놓고 있다.

해마다 준비하는 매실액은 내 주방의 양념이 되어 우리 가족 입맛에 지대한 공을 세울 것이다. 다소 솜씨가 부족해도 새콤달콤한 맛으로 음식에 풍미를 더해줄 것이다.

정월에는 장을 담갔다. 40여 일 숙성된 메주를 건져 된장을 만들고 간장을 달여 통에 담아두었다. 오랜만에 담가본 된장, 간장 맛이 제법 좋다. 볼 때마다 부자가 된 기분이다. 내친김에 멸치젓도 담갔다. 오래전 부산에 살 때 멸치철이면 젓을 담가주는 장사들이 다녔다. 그때 그 사람들의 손을 빌어 담던 기억이 나서 수산시장 가는 길에 한 박스를 사다 담근 것이다. 상인이 설명해준 대로 소금의 양을 가늠하여 멸치와 버무려 항아리에 넣기만 하니 그리 어려운 것은 아니었다.

매실항아리를 여는 김에 멸치항아리가 궁금하여 봉해놓은 뚜껑을 열었다. 아직은 덜 삭아 멸치의 형체가 그대로 남아있으나 냄새가 제법 그럴싸하고 멸치 기름이 덮어놓은 한지에 엉겨 있었다. 살짝 맛을 보니 괜찮았다. 이 또한 김장철 맛을 내는데 요긴하게 쓰리라 생각하니 뿌듯하다.

남편이 주말농장을 3년째 하고 있다. 이태 동안은 시행착오를 겪고 거름이나 해충에 적절히 대비를 못해 공만 들이고 소득 없이 끝나버렸다. 병이 들고 벌레가 먹어치운 밭에서 혀를 차며 실망하던 남편이 올해는 작정하고 정성을 들였다. 그간 겪은 경험도 있지만 봄부터 밭에서 살다시피 했다. 밑거름을 넉넉히 주고 옆에서 하는 어른들의 정보에 귀를 기울였다. 일러 준대로 벌레 퇴치에 미리미리 소주를 희석해 뿌려 주어

효과를 보았다.

봄 상추부터 갖가지 야채가 넘쳐 우리 식구가 다 소비를 시키지 못해 이웃들에게 나눠주었다. 열무도 김치를 담가 여러 집 나눠 먹었다. 특히 호박은 몇 포기 심지도 않았는데 열리는 걸 감당할 수가 없었다. 자고나면 대 여섯 개씩 백여 개 가까이를 딸 수 있었다. 그것 또한 많은 사람들과 나눠먹으며 여름을 보냈다. 몇 평 안 되는 땅에서 과분한 수확을 한 것이다.

두 해의 실패를 경험삼아 정성을 들이고 노력한 결과는 대만족이었다. 감자도 심어 보랏빛 꽃도 보았고 가뭄 속에 근근이 뿌리를 내리던 고구마도 무성한 덩굴을 이루고 있다. 여름 채소를 마무리하고 심은 김장용 채소들이 가을볕에 쑥쑥 크고 있다.

갈무리의 계절이다. 나의 삶도 갈무리를 생각할 즈음이 아닌가 싶다. 차츰 내가 걸어온 삶에 대해 진지해질 때가 있다. 주부로, 아이들 엄마로 넘어야할 단계들이 많았지만 시작하고 거두기를 번복하면서 그때그때 한 시름을 놓으며 살았다. 정답도 지름길도 없는 길에서 갈등하고 포기하고 안타까운 일들이 때론 나를 무기력하게 만들기도 했지만, 돌이켜보면 그래도 열정적인 시간들이 젊음과 더불어 내게 보람 있는 날들도 안겨주지 않았나 싶기도 하다.

올해 큰 기대 하지 않고 시작했던 채소 가꾸기는 성공적이었다. 어렵게만 생각했던 장 담그기와 젓갈 담그기 또한 큰 수확이다. 내년에도 이 보람과 이 뿌듯함을 기약해 본다.

거미의 꿈

테라스와 정원 나무 사이에 거미줄이 걸려 있다.

주인은 잠시 집을 비운 듯 고요한데 이슬만 줄줄이 매달려 햇살을 머금고 있다. 어떻게 저 험난한 허공을 가로질러 집을 지었을까. 아마도 방해꾼이 많은 낮 시간을 피해 밤새 실을 뽑고 매듭을 지어가며 튼튼한 성을 지었을 것이다.

나의 공포 중 하나가 허공에 떠 있는 것이다. 계곡이 훤히 내려다보이는 출렁다리나 곤돌라 혹은 케이블카는 늘 각오해야 하는 장벽이다. 해외여행에는 거의 대부분 포함되어있는 일정이기도 하다. 그래서 여행계획이 세워지면 일정과 코스를 확인하고 청심환을 준비하기도 하지만 막상 닥치고 보면 별 소용이 없는 듯하다.

밖의 풍경을 거의 보지 못하고 눈을 감고 있으니 감동은커녕 심장 박동수만 늘릴 뿐이다. 남들은 위로 오를수록 발아래 세상을 감상하며 즐거워하지만 나는 누가 그런 기계를 만들어 놓았는지 원망스럽기까지 하다. 중국의 '잔도'나 미국 '그랜드 캐년'의 절벽 위 유리판 전망대는 생각만 해도 오금이 저릴 정도다. 결국 난 그 위에 올라 서 보지 못했다.

사람들은 더 높은 곳으로의 꿈을 꾸며 건물을 짓고 케이블카를 건설하며 내려다보이는 세상을 감상하기를 좋아한다. 자연과의 조화가 아름답고 신기하기도 하지만 높은 곳으로의 길은 언제나 내게 두려움의 대상이다.

거미란 놈은 나보다 엄청 큰 심장을 가졌나 보다. 나로서는 상상도 할 수 없는 허공에 몸을 날려가며 집을 지었으니 말이다. 바람을 가르며 그네를 타듯 줄을 엮었을 것이다. 삶의 터전을 만들기 위해서 수 만 번 몸을 움직이며 혼신을 다해 실을 뽑아냈을 것이다.

그 녀석이 내려다본 세상은 어떤 모습일까. 아침 이슬에게 양보하고 외출중인 녀석은 또 어떤 세상 구경을 하고 있을까.

녀석이 돌아오면 저 하늘거리는 줄을 잡고 생존과의 사투를 벌일 것이다. 먹이 사냥을 하고 알집을 키우며 세상과 맞설 것이다. 때로는 두렵고 험한 세상살이로 수많은 적들과의 외로운 싸움도 버텨내야 할 것이다.

그래도 녀석은 늘 아름다운 꿈을 꿀 것이다. 혹여 성지 같은 집을 위협하는 훼방꾼이 나타나도 녀석의 무거운 엉덩이와 가는 다리는 멈추지 않을 것이다. 그만의 걸작을 만들기 위해 아슬아슬해 보이는 허공을 쉼 없이 누빌 것이다. 튼실한 실을 뽑아내던 녀석의 엉덩이에 힘이 빠지면 비로소 녀석의 꿈이 이루어지는 것이 아닐까. 마침내는 껍데기만 남은 몸을 미련 없이 허공에 날려 보낼 것이다. 간격이 일정한 녀석의 솜씨가 신비롭기까지 하다. 거미의 행위가 거룩해 보이는 아침이다.

며칠 뒤 말레시아 여행을 간다. 구름 위 도시라는 해발 2천 미터 켄팅행 케이블카를 타야한다. 벌써부터 두려움에 가슴이 조인다. 그러나 거미가 튼튼한 성을 만들며 꿈을 키우듯 나도 과감하게 허공을 나는 꿈을 꿔 본다.

아름다운 시간들

무더위와 함께 휴가철이다. 이제는 일 년 열두 달 휴가나 마찬가지니 남들이 휴가라고 들떠 있어도 달리 느낌이 없다.

우리는 남편 사업의 특성상 해마다 휴가철의 피크인 8월 1일 휴가를 떠나야 했다. 아이들이 직장인이 되고부터 시간 맞추기가 쉬운 건 아니었지만 아빠의 휴가를 아이들이 맞춰주었다.

이사를 많이 다닌 탓인지 우리 식구는 어디든 떠나길 좋아했다. 시간만 맞으면 살았던 곳을 돌아보기도 하고 캠핑장이나 관광지를 찾아다녔다. 언젠가 아이들의 제안으로 새로운 식구가 생기기 전에 네 식구만의 해외여행을 계획하게 되었다. 아이들이 결혼을 하게 되면 함께하기가 더 힘들 것이라는 생각에서였다. 봄부터 준비를 해야만 성수기 비행기티켓을 살 수 있으니 새해가 되면 여행지를 정해야했다. 네 식구가 함께 하는 건 긴 시간을 낼 수가 없어 다소 아쉬움은 있었지만 꼼꼼하게 준비한 아이들 덕분에 알찬 여행이 되었다.

일본의 도야마에서 보낸 추억은 아름다움 그 자체였다. 깊은 산 속에 위치한 오쿠히타 온천지역에서 6백 년이나 되었다는 고풍스런 전통여관에 묵었다. 밤이면 온통 별 세계인 하늘을 보며 노천 온천을 하고 낮에는 오랜 역사의 도시를 다니며 전통음식을 먹고 박물관을 관람했다. 1년에 여름철 단 한 번 관광객을 위해 공연을 한다는 지역주민들의 민속공연이 흥미롭고 깨끗한 도시와 정갈한 음식 친절한 미소가 돋보이던 곳이다. 단풍이 아름답다는 그곳을 다시 한 번 가보고 싶다.

대만으로 가던 해는 그곳에 태풍이 와서 연일 폭우가 내린다하여 애를 태웠다. 취소할 수도 없고 비행기가 뜬다니까 출발을 했다. 공항에 내리니 후덥지근하고 습한 바람이 온몸을 감쌌다. 다행히 비는 내리지 않았지만 호텔에서 폭우에 대비하라고 겁을 주었다. 그런데 거짓말처럼 이튿날부터 햇볕이

쨍쨍 나서 양산을 써야만 했다. 중국의 분위기가 나면서도 또 다른 매력이 있는 섬나라였다. 식구만의 여행은 자유로워서 좋다. 시간 되는 대로 보고, 맛집을 찾아다니고, 모든 일정 의견을 우리끼리 정하면서 다녀도 되니까. 알차게 보고 맛있게 먹고 즐긴 여행이었다. 야시장의 먹거리도 좋았지만 더운 날씨 때문에 지쳐 쉬고 싶을 때 먹은 딤섬에 청도맥주의 시원한 맛은 여행 중 별미였다.

싱가포르로 향할 때 역시 더위 걱정을 안할 수가 없었다. 우리나라보다 남쪽에 있으니 단단히 각오를 했다. 행운이 따라서인지 갈 때마다 비는 우리를 피해주었다. 우리나라 건설회사가 만들었다는 고층빌딩 꼭대기에 수영장이 있는 마리나베이 전망대 카페에서 나는 고소공포증에 덜덜 떨었다. 센토사섬으로 들어갈 때는 탑승한 곤돌라의 바닥이 투명유리로 되어있어 또 한 번 울면서 추억을 만든 곳이다. 야경과 함께 먹었던 게 요리의 맛은 잊을 수가 없다. 누구든 싱가포르를 간다고 하면 추천해주고 싶은 요리다. 네 식구가 함께한 해외여행은 거기까지였다. 각자 사정이 생겨 따로 다니다가 아이들이 짝이 생기니 오롯이 우리만의 여행은 이제 끝난 것이다.

바쁜 시간 쪼개가며 다닌 열정이 아름답다. 우리가 할애한 행복한 시간들은 그 무엇과도 바꿀 수 없는 소중한 추억들이다. 그로 인해 우리는 많은 이야깃거리를 만들고 여행의 감동을 공유한다. 네 식구 머리를 맞대고 휴가계획을 세우던 때가 그립고 짐을 싸며 가보지 못한 세계에 대한 호기심으로 들떠 있던 시간들이 그립다. 마음만 먹으면 언제든 떠날 수 있는 지금은 여행계획이 잡혀도 그때처럼 흥분이 되지 않는다. 넷만의 여행을 하던 아름다운 시간들이 때때로 그리워진다.

가을, 편지를 쓰다

미명 앞에 어둠이 깊다.

숙연한 마음으로 펜을 잡는다.

부모님 기일이면 편지를 쓴다. 부칠 수는 없지만 편지를 쓰는 시간만큼은 아련한 기억들을 끄집어내는 유일한 시간이다. 1년에 한 번 이렇게 풀어놓고 나면 그리움의 결이 한결 엷어진다. 나이차가 나는 만큼 형제들은 조금씩 다른 추억을 가지고 있지만 부모님으로부터 출발하는 시작점이 같다는 걸 새삼 깨닫는 시간도 된다.

편지에서 나는 열두 살 소녀도 되고 스무 살의 방황도 떠오른다. 삶의 고비라고 생각했던 일들이 파노라마처럼 가슴을 치기도 한다. 처음 몇 해는 추억거리로 채워졌다. 부모님과 함께했던 시간들이 꿈같이 달콤하게, 때로는 가슴 시리게 명치끝에 멍울졌다. 제단 앞에서 읽을 때면 봇물처럼 터지는 기억들 때문에 제대로 읽어 내려갈 수가 없었다. 읽는 나도 듣는 형제들도 눈물바다가 되었다.

십여 년이 지나면서부터는 자식들의 보고 형식이 되어갔다. 무심히 지나는 일상인 듯하지만 글로 적어보니 쓸 이야기가 많았다. 5남매의 가정에 변화가 많아지고 행사들이 이어졌다. 아이들이 결혼을 하게 되고 새 식구가 늘어갔다. 대학 진학이나 취업, 이사도 반가운 소식이었다. 나이가 들수록 건강 문제로 애를 끓이는 일도 있고 가정마다 소소한 문제들이 있지만 지나고 보면 대수롭지 않게 이야기할 수도 있다.

해마다 쓰다 보니 일가가 성장해가는 과정을 년도 별로 자세히 알 수 있다. 힘든 일을 겪을 때면 아픔이 전부인 것처럼 가슴앓이를 하지만 좋은 일들이 있어 극복하고 1년을 견뎌내는 힘이 보인다. 유년 시절을 거쳐 어른이 되고 할아버지 할머니가 되어 가는 과정들이 그림처럼 펼쳐진다. 부모님의 마음을 헤아리는 시간이고 그리운 추억들을 맘껏 털어놓을 수 있는 시간이다.

올해도 좋은 일들이 많이 있었다. 남동생들이 승진을 하고 작년에 이어 손자들이 태어나고 의사가 된 여동생의 딸이 처음으로 수술 집도를 했다는 소식도 있다. 우리 집에도 손자 시우가 태어났다. 할아버지 할머니가 된 형제들이 새 식구가 생긴 기쁨을 첫 번째 화제로 공유하는걸 보면 새 생명의 탄생은 어떤 경사보다도 가슴 벅찬 축복이다.

비록 1년에 한 번 기일에만 쓰는 편지이고 부칠 수 없는 편지지만 부모님은 받아 볼 것이라는 믿음이 있다. 편지를 읽을 때면 우리 형제들이나 부모님이나 한마음이 될 것이라는 걸 믿는다. 글 말미에는 부모님께 바라는 사항을 적어 놓는다. 언제나 부모님께 받기만 하고 자랐으면서도 답답할 땐 의지하고픈 자식의 철없음이 분명하다.

슬픔도 아쉬움도 덤덤해져가는 세월. 가을 깊은 날 1년에 딱 한 번뿐인 편지를 쓴다. 어느덧 황혼에 접어든 언니부터 지천명의 나이가 된 막내까지 5남매의 이야기는 계속된다.

5.

세월 나누기

수십 년 만에 크고 밝은 달이 뜬다는 추석이다. 구름 한 점 없는 하늘에 기다리던 달이 떴다. 차례음식 마무리를 하고 나가보니 예고대로 슈퍼문이 떴다. 달을 보면서 정초부터 마음 끓이던 일들이 무난히 넘어간 것에 감사의 기도를 한다.

추석은 달이 있어 좋다. 올해는 유난히 맑고 하늘이 높은 추석이다. 며느리와 맞이하는 추석. 우리 집에도 슈퍼문이 뜬 날이다.

6년 만의 외출

동전들이 바깥세상을 보려고 와르르 쏟아져 나온다.

6년 만의 외출이니 서로 밀치며 시끄럽게 다툴 만도 하다. 간간이 동전들 틈에 끼어 있던 지폐는 통 속의 흔적을 얼룩으로 군데군데 담고 있다. 여러 개의 저금통을 커다란 보자기를 펼쳐 놓고 쏟아보니 혼자서는 들 수 없을 만큼 무겁다.

아들이 직장생활을 시작하면서 하나 둘 모이는 동전을 저금통에 넣기 시작했다. 집안 어딘가에 돼지저금통이 있기는 했지만 아들은 자기 책상 위에 따로 저금통을 놓아두고 수시로 넣곤 했다. 가끔씩은 색다른 모양의 저금통을 사들고 와서는 채우기 시작했다. 그렇게 6년 동안 모인 저금통이 여러 개가 되었는데 분가를 하고나서 까맣게 잊어버리고 있었다.

지난해 결혼한 아들의 방 정리를 하면서 저금통을 발견하고 깨 보기로 했다. 가져가겠다는 말은 하지 않았지만 액수가 제법 될 것 같아 내가 써 버리기엔 아깝다는 생각이 들었다. 아들의 땀이 스민 돈. 사회 초년생 시절의 애환이 서려있고 월급쟁이의 고단함이 들어있는 돈이기도 하다. 가장이 된 자식의 어깨까지 생각하니 가슴이 뭉클해진다. 봄볕 아래 빛나는 동전들을 마주하고 한참을 이런저런 생각에 젖어 있었다.

장난감이나 군것질거리를 사러 매점을 들락거리던 아들이 남은 몇 개의 동전을 돼지저금통에 넣던 기억들. 그걸 모아 초등학교 저축하는 날 가방에 넣어주면 어느 날은 깜박 잊고 그냥 가지고 오기도 했다. 대학 때까지 그런 방법으로 저축을 했는데 그게 살림에 큰 보탬이 되지는 않았지만 아들은 습관처럼 저금통에 동전을 모아왔다.

액수대로 분류하여 세어보니 수십 만 원이나 되는 제법 큰 액수의 돈이 나왔다. 현금을 보니 생각이 달라졌다. 내가 그냥 써 버릴까. 내가 썼다고 하면 뭐라고 하지는 않겠지만 잠시 갈등이 생겼다. 그러다 다시 마음을 고쳐먹었다. 의미 있는 쓰임새를 궁리해 보니 얼마 전에 태어난 손자에게 주면 좋을 것 같았다. 아기 이름으로 통장을 만들라고 하여 입금을 시켰다. 의기양양 통장에 찍힌 액수를 보니 저금통을 깨고 가슴이 부풀었던 기분에 비해 왠지 초라해 보였다. 동그라미 숫자가 더 붙은 통장이라도 내놓아야 어깨가 으쓱할 것인데. 아들 며느리는 고맙다고 하였지만 내 마음은 자꾸만 쪼그라드는 것 같았다. 이럴 줄 알았으면 내 지갑에 두둑이 넣어 든든한 마음이나 느껴보고 식구들과 외식도 하고 친구들과 차라도 한 잔 할 것을. 공돈 같은 희열도 느껴볼 것인데. 몇 차례의 후회도 스쳐갔다. 그러나 방긋거리는 손자 생각에 마음을 다스리며 정리를 했다.

사용하는 돈의 단위가 커지고 씀씀이가 예전처럼 절약만하고 살 수는 없는 현실이고 보니 숫자상의 표기가 그럴 수도 있겠다고 스스로를 위로하였다. 그걸 종자돈으로 삼아 저축을 하다보면 아기에게 필요할 때 도움이 되지 않겠나 하는 생각도 들었다. 손자손녀를 먼저 본 친구들이 뽀로로 통장이니 뭐니 하는 아기통장을 만들어 기념일에 입금을 시켜준다는 소리를 들었던 터라 나도 이 참에 그 방법을 생각한 것이다.

이제 동전을 모을 아이들도 각자의 터전으로 떠나고 이제는 지갑 안에 모이는 동전이 무거울세라 그때그때 써버리고 있다. 내 아이들이 동전을 모으는 심정으로 고운 무늬의 결을 쌓으며 인생을 엮어나갔으면 하는 바람이다.

딸네 가는 길

감자 몇 알 양파 몇 개를 넣으니 가방은 포화상태다. 알맞게 익은 열무김치를 먹이고 싶은 어미 마음까지 얹어 묵직한 가방에 가지 애호박에 양념 몇 가지를 더해 집을 나선다. 무겁게 뭘 또 들고 왔느냐는 소릴 들을 게 번하지만 밑반찬이라도 하게 되면 발길이 딸네를 향한다. 한소리 하면서도 늘 맛있다며 웃음 띤 얼굴을 보면 늘어졌던 팔도 피로를 회복한다.

연거푸 두 해 새로운 식구가 생겼다. 사위를 보고 며느리를 맞았다. 나이찬 아이들을 결혼시키고 나면 내 할 일이 끝날 줄 알았다. 그저 제각기 예쁘게 사는걸 보면서 나를 여유롭게 만들 줄 알았다. 그러나 그것은 계산착오였다. 늘어난 식구만큼 마음 쓸 일이 많아지고 내가 챙겨야 할 일들이 생기니 더 바빠진 듯하다. 아들은 곁에 살고 딸은 과히 멀지 않은 곳에 있어 반찬이라도 만들어 주자니 힘에 부칠 때도 있지만 마음은 즐겁다.

결혼 전 나는 동생과 인천에서 자취생활을 했다. 엄마는 남매의 먹을거리를 날라야했다. 집에서 십리를 걸어 나와 버스를 타고 수인선 협궤열차를 갈아타고 송도에서 내리면, 또다시 시내까지 만원버스를 타야 하는 거리를 보따리를 머리에 이고 다녔다. 쌀이라도 이고 오는 날은 목이 움츠러들 정도로 아프다고 했다. 푸성귀를 들고 김치와 쌀을 이고 온몸을 욱신거리게 만들었던 긴 거리를 오가며 우리 뒷바라지를 했던 엄마. 동생은 학생이었고 나는 직장을 다녔지만 혹여 내 월급에서 잔돈푼이라도 축낼세라 틈만 나면 반찬을 해왔다. 엄마의 마음을 알 듯 말 듯할 때쯤 결혼을 하고 신혼생활을 하던 화곡동으로 반찬 보따리와 함께 엄마의 발길이 옮겨졌다.

딸네집 근처에 재래시장이 있다. 몇 천원이면 두 식구 충분히 먹을 채소를 살 수 있다. 갖가지 조리된 반찬들이 주부들의 구미를 당긴다. 밥으로만 꼭 끼니를 해결할 필요는 없을 것이다. 분식이나 간식거리가 시장통을 화려하게 만든다. 계절마다 색색의 과일들이 손님을 기다린다. 그곳을 지날 때마다 무겁게 들고 가는 반찬 보따리에 뭐하는 짓인가 싶기도 하지만 딸의 얼굴을 보면 그 생각은 금세 사라진다. 밑반찬이나 양념이라도 해주면서 바쁜 아이들에게 작은 도움이라도 되길 바라는 마음 또한 함께한다.

아직은 어미의 마음 깊이를 알지 못할 것이다. 엄마니까 당연히 그러려니 할 것이다. 나 역시 그랬으니까. 묵직한 나이를 안을 때쯤에야 비로소 깨닫고 애절하게 그리워하는 걸 인생이라 할지 모른다. 요즘 딸네를 다니면서 나는 길에서 보낸 엄마의 그 숱한 시간들을 생각한다. 노릇노릇 구운 닭요리와 시원한 음료를 내놓는 딸에게서 젊은 날의 나를 떠올린다. 늘 농사일에 바쁜 엄마는 우리 집에 와서 따뜻한 밥 한 끼 변변히 먹어보질 못했다. 되돌아가기 바빴던 엄마는 들고 온 보따리를 채 풀기도 전에 벌써 현관문을 나섰다. 엄마가 다시 못 올 길을 떠나고 나니 또한 여한으로 남는다.

먼 훗날 딸은 그런 서운한 마음이 들지 않았으면 좋겠다. 딸네서 긴 시간 머문 적은 없지만 오늘은 딸이 차려준 음식이라도 먹으며 함께 기억하는 옛일들을 주섬주섬 엮어볼 참이다. 딸과 함께 맛집을 찾아다니고 연극이나 뮤지컬을 보고 여행을 하던 추억을, 그리고 순간순간 놓치고 싶지 않던 웃음소리를 딸과의 행복주머니에 넣어놓을 참이다. 언제든지 꺼내 볼 수 있도록.

정류장에서

버스정류장에서 며느리를 만났다. 급히 버스를 타려는 나를 알아보고 반갑게 부른다. 한 달 전까지만 해도 저녁이면 가끔씩 내가 서 있던 자리다. 그 자리에 며느리가 제 남편을 기다리고 있는 것이다.

모임 시간이 촉박하여 제대로 이야기도 못 나누고 서둘러 버스를 타고 가면서 많은 생각들이 스쳐간다. 아이들이 학교에 다니기 시작하면서 나는 습관처럼 아이들 귀가 마중을 나갔다. 딱히 바쁜 일이 없기도 했지만 아이들과 집이 아닌 귀가 길에서의 만남은 폴짝거리며 뛰어 오는 것만 봐도 행복했다.

내가 초등학교 다닐 때 엄마는 집에 없는 날이 많았다. 항상 바쁜 엄마는 외출중이거나 밭에 있었을 것이다. 학교 갔다 돌아오면 빈집으로 들어서기가 왜 그리 썰렁하던지. 엄마를 찾기보다는 할머니가 계신 큰집으로 내달리곤 했다. 밭에 있는 엄마를 찾기라도 하면 분명 얼른 가서 숙제나 하라고 채근 할 테지만 할머니는 제 어미가 집에 없나보다 하고 감싸 주실 것이니까.

그 때문인지 아이들 마중 나가기는 성인이 되어도 종종 해왔다. 정류장에서 집까지 얼마 되지 않는 거리지만 그 짧은 시간 나누는 이야기의 깊이는 헤아릴 수가 없다. 서로의 근황이나 상의할 일들을 집보다 훨씬 부드럽고 따뜻하게 나누게 된다. 다 큰 후로 다녀왔다는 인사와 함께 제 방으로 들어가 버리는 아이들의 뒷모습을 보면서, 어릴 적 마중 길에서 만나 조잘대며 학교생활과 친구들 이야기를 하던 모습들이 떠올라 그 방법을 지속한 것이다.

새삼스런 일은 아니지만 날씨가 춥거나 밤늦은 시간이면 뭐 하러 나왔느냐고 슬쩍 핀잔을 주면서도 빙그레 웃는 모습을 보면 과히 싫은 것 같지는 않았다. 가끔은 그 길로 저녁을 먹으러 가기도 하고 술 한 잔 하면서 서로의 걱정거리를 털어놓기도 했다.

이제 그 일도 끝이 나 버렸다. 작년에 딸이 결혼을 하고나서, 하나뿐인 상대였던 아들이 지난달 결혼을 하여 분가를 하니 저녁이면 집에서 기다릴 사람이 없어진 것이다. 숱한 날들 버스정류장을 서성이던 시절도 한낱 어미의 행복한 추억거리로 남아버린 것이다. 어느 날 문득 아이들은, 목도리 둘둘 말고 정류장에서 기다리던 엄마를 기억이나 할까.

버스에서 내리는 사람들을 확인하며 서 있던 그 자리에 예쁜 며느리가 아들을 기다리는 것이다. 아들은 얼마나 반가울 것인가. 엄마와의 만남과는 다른 기쁨으로 충만할 것이다. 하루의 피로가 싹 날아갈 것이다. 둘이 손을 잡고 집으로 가는 생각만 해도 마음이 뿌듯하다.

바람이 심한 때문일까. 차창 밖 거리에 낙엽이 흩날린다. 차려주고 나온 저녁상 앞에 앉아있을 남편이 떠오른다. 텔레비전 소리만 울리는 집안에서 혼자 식사를 하면서 무슨 생각을 할까. 혼자 남겨진 듯한 허전함을 느낄까. 아니면 아버지의 임무를 마친 홀가분함이라도 느끼고 있을까. 아이들은 다 나가고 남편도 은퇴라는 피할 수 없는 길을 택했고, 동동거리며 식구들에게 매달리던 나도 딱히 할 일이 없어진 것 같은 휑해진 집안이 요즘 많이 허전하다. 때문에 쓸데없이 옛일들을 되새기는 날들이 많아졌다. 가끔은 아이들 손을 잡고 갈대꽃 하얗게 날리는 방죽 길 걷던 꿈도 꾼다. 들꽃을 꺾어들고 나풀대던 아이들은 아마 아득한 어린 기억 속에서나 젊은 엄마를 만날 것이다.

세월을 나누는 것

금은방에서 세척을 마친 아기반지가 해맑게 웃고 있는 듯하다. 40여 년의 세월을 넘어 비로소 세상 구경을 하였으니 그럴 만도 하다. 깨끗해진걸 보니 내 기분도 산뜻하다. 반지의 주인들이 떠오르는 순간이다. 두 아이가 태어나 백일을 맞고 첫 번째 생일을 맞으며 나는 얼마나 가슴이 뿌듯하고 행복했던가. 초보 엄마의 아슬아슬한 위기를 넘기며 안도의 한숨은 또 얼마나 쉬었던가.

금융위기 시절 금 모으기 운동을 할 때였다. 서랍 속에 잠자는 금붙이를 내다 팔았다. 그때 아이들 백일과 돌 때 받은

반지를 아주 없애기가 서운하여 각각 한 개씩을 남겨 두었다. 언제가 될지 모르지만 아이들도 가정을 갖고 자식을 낳으면 기념으로 전해줄 생각이었다. 이제야 제 짝들을 만나 반지가 주인을 찾아갈 시기가 되었다.

전에 한 번 아이들에게 이야기를 하니 시큰둥한 표정이었다. 그까짓 반 돈이나 기껏해야 한 돈에 지나지 않는 금반지가 대수롭지 않은 건 당연할 일이다. 감동은 아니더라도 반가워 할 줄 알았지만 무덤덤한 반응에 머쓱하기도 했지만 내가 의미를 두고 보관해오던 것이니 개의치 않았다. 먼저 딸에게 주었다. 결혼을 해 살림을 해보니 느낌이 다른지 전의 반응과는 달리 고맙다며 받았다. 이제 달리 해 줄만한 것도 없어 두어 가지 패물을 더해주며 엄마의 마음을 전했다.

사회인이 되고 얼마 되지 않아 입사동기 몇 명이 같은 모양의 금반지를 해 끼었다. 함께 등산을 다니고, 야간열차 여행을 하고, 휴일이면 명동으로 충무로로 몰려다니며 반지의 위력을 과시했다. 굳이 말을 안 해도 반지는 우리를 결속시키고 우정을 지키기에 충분했다. 결혼할 때 반지를 교환하며 평생을 약속하듯 우리도 변치 않을 우정을 약속했던 게 분명하다.

몇 년을 붙어 다니던 친구들은 하나 둘 결혼을 하면서 반지의 의미를 잃어 갔다. 전화도 흔치 않던 시절 각자 흩어진 친구들의 연락은 끊겨갔다. 나 역시 결혼을 하여 전국을 떠도는 생활을 하다 보니 얼마 지나지 않아 편지조차 두절되어버렸다. 친구들과의 약속 때문에 가지고 있던 반지를 금반지가 없던 친정엄마께 드렸다.

사람들은 금붙이를 재산의 가치로 생각한다. 값의 하락이 별로 없고 화폐처럼 사용할 수 있는 가치 때문이다. 큰돈이 필요할 때를 대비하여 사두는 사람도 있지만 나는 그럴만한 여유도 없었다. 그러나 몇 안 되는 금반지지만 의미 있게 쓰려고 한 생각만큼은 잘한 것 같다.

눈동자를 맞추며 옹알이를 하는 손자 시우가 곧 백일이 된다. 아직 내가 가지고 있는 아들의 몫인 제 아비의 반지를 준비한 선물과 함께 주려한다. 아들 며느리가 설령 생각만큼 기뻐해주지 않는다 해도 괜찮다. 의미를 부여했던 만큼이나 내 마음이 뿌듯하면 감사할 일이다. 세대가 바뀌고 내게 소중했던 것들도 세월과 함께 주인 갈이를 하고 있다. 그렇게 나는 세월을 나누며 물려주고 비워갈 것이다.

전입신고

아빠의 주민번호가 필요하다며 시집간 딸이 전화를 걸었다. 제가 사는 곳으로 전입신고를 한다는 것이다. 하던 일을 멈추고 나무토막처럼 굳어진 몸과 마음을 한동안 추스를 수가 없다. 나는 얼마나 많은 전입신고를 하며 살았던가. 전국 각지로 전입신고를 하면서 단련된 사람인데 딸의 분가는 예상치 못한 감정을 불러왔다.

그 아이가 결혼을 하고 나는 심한 허탈감에 시달렸다. 삼십 중반을 넘긴 나이에 시집을 갔으니 과히 서운해 하지 않아도 될 것 같았는데 함께한 시간이 긴 만큼 허전함의 깊이도 깊었다. 밥을 먹어도 헛헛하고 잠을 자도 내내 그 아이와 함께하는 꿈을 꾸었다. 수도 없이 핸드폰을 만지작거리며 아이의 목소리를 기다렸다. 갖가지 핑계거리를 만들어 전화를 하면 내 속을 읽고 있다는 듯 안부를 물을 때도 있지만 바쁘다며 서둘러 전화를 끊을 때가 많았다. 그럴 땐 더욱 마음을 잡지 못해 허둥댔다.

남편을 채근하여 하루걸러 여행길에 나섰다. 서해안으로 강원도로 충청도, 경상도 어디든 할 것 없이 길에서 많은 시간을 보냈다. 가을의 정취는 왜 그리 마음을 종잡을 수 없게 만드는지. 갈대밭을 만나고 은빛 강물 속에 스며든 저녁노을의 유희를 바라보면 더욱 허전해지는 가슴은 어찌 할 바를 모르고 나를 흔들었다. 시시때때로 울컥해지는 자신을 다독이며 시간 때우기를 했다.

저녁이 되면 아이의 방을 서성거리고 그 아이가 보던 책을 뒤적거리고 체취라도 남아있을까 하여 메모된 수첩을 꺼내 보기도 했다. 하릴없이 정신을 놓고 있다가 습관처럼 아이가 쓰던 침대에 이불갈이를 하고 헛웃음을 지어보기도 했다. 딸이라기보다는 친구처럼 의지하고 살아온 때문일 것이다. 때로는 그게 아이에게 부담스러웠을 수도 있지만 내 이야기를 들어주고 나를 이해하려 애쓴 딸이기도 하여 몸과 마음의 거리두기에 힘이 드는지도 모른다.

결혼을 했으니 당연한 일인데 마음에서 아직도 떼어놓지 못하고 있는가 보다. 지난번 그 아이가 쓴 칼럼에서 친정이라고 표현한 걸 보고 적잖이 서운하여 목이 멘 적이 있다. 친정이라는 말은 내게만 적용되는 말인 듯싶었다. 친정을 생각하면 엄마가 생각나고 고향을 떠올리며 그리움이라는 단어를 달고 살았는데 나를 친정엄마라 부르고 우리 집을 친정이라고 말하는 딸이 내게도 있는 것이다.

늘 그리운 곳. 베갯잇을 적시며 부르던 엄마. 내 마음을 송두리째 털어놓아도 부끄럽지 않은 곳. 그리고 나의 원초적인 모습을 가장 잘 알 수 있어 가장 솔직해질 수 있는 곳. 그곳은 나의 친정이자 내 딸의 친정인 것이다.

우리의 울타리를 벗어났어도 마음의 거리는 늘 곁에 있었는가 보다. 주소지를 옮긴다는 말에 당연한 일임에도 불구하고 울컥해지는 건 우리 모녀의 거리를 현실로 받아들여야 한다는 깨달음은 아닐까.

선 물

조산기로 석 달간 누워만 있던 며느리가 드디어 해산을 했다.

병원 대기실 앞에서 기다리던 나는 그만 눈물을 보이고 말았다. 누구에게 내색 한 번 못하고 애를 태운 시간들이 꿈결처럼 지나갔다. 순간 간절한 마음으로 이 시간을 기다렸을 아들 내외의 얼굴이 스쳐갔다.

며느리는 한 달여를 병원 격리실에서 보냈다. 면회시간에만 얼굴을 볼 수 있는 내게 늘 괜찮다고 했지만 많이 불안해하는 모습이었다. 아들 역시 조마조마하며 저녁 면회 시간에만 잠깐 들러 서로 위로하며 시간을 보냈다. 신혼에 둘 다 딱하기는 마찬가지여서 전전긍긍한 내 마음조차 내색을 못하고 있었다. 병원에서는 애써 밝은 척하고 돌아서지만 가슴에는 돌덩이를 올려놓은 것처럼 무겁고 두려웠다.

불안을 떨치지 못하고 새벽이면 합장을 하고 기도문을 읽었다. 하루를 보내면 무사함에 감사하고 또 긴장을 하면서 어서 시간이 흐르기만 바랄 뿐이었다.

병원에서 퇴원을 했지만 집에서는 더 조심을 해야 했다. 움직이지 말고 약을 챙겨 먹어야 하니 살림은 내가 맡아서 해주고, 수시로 오는 진통에 온 식구의 가슴이 철렁해지고 며느리의 컨디션에 촉각을 곤두세웠다. 정기적으로 가는 병원에서 의사의 말을 초조하게 기다려야 하고 같은 증세로 몇 달째 병실에만 누워 있는 다른 새댁을 생각하면 그나마 위안이 되기도 했다. 그중에도 주기적으로 찍는 아기의 초음파 사진을 보면서 우리는 많이 웃고 행복했다.

며느리의 식성도 알기 전에 음식을 해줘야 하니 적잖이 신경이 쓰였다. 주방을 등한시한 지 오래되었지만 나는 요리를 해야 했고 며느리의 입맛을 알아가려 애를 썼다. 그래도 맛있게 먹어주는 게 고맙기도 하고 어려운 일을 묵묵히 견디는 며느리가 기특하고 대견스러웠다.

바깥 구경을 못하는 며느리에게 식탁 위에 철 이른 매화도 꽂아주고 목련 소식도 전하고 벚꽃 사진을 보여주었다. 일찍 핀 라일락의 향기도 들려주었다. 냉정하고 힘들 것만 같았던 우리의 봄은 그렇게 이야깃거리를 제공해 주었고 며느리와의 끈끈한 시간들을 만들어 준 날들이었다.

예정일을 하루 앞두고 산기가 있어 몇 시간의 진통 끝에 출산을 했다. 신생아를 보면서 연신 감사하다는 말이 저절로 나왔다. 애를 태우며 입술이 하얗게 말라버린 아들의 등을 두드려 주었다.

많은 걱정을 뒤로하고 정상 분만을 한 며느리가 비로소 편안해 보였다. 마주보며 웃는 아들내외의 얼굴에 어려움을 이겨낸 안도의 표정이 가득했다. 그동안 마음 졸이며 이 순간을 기다렸을 며느리에게 더 무슨 말이 필요할까마는 이 세상에서 가장 위대한 일을 해낸 것이라는 당연한 칭찬밖에 달리 떠오르는 말이 없었다.

나는 이제 할머니라는 이름을 얻었다. 가슴 두근거리는 말이다. 기쁘고 벅찬 이름이다. 친구들이 그렇게도 듣기 싫다고 말하던 할머니라는 이름을 사랑하기로 했다. 내게 '할머니'라는 이름을 선물해준 아들내외에게 고마웠다. '아기'와 '할머니' 나는 두 가지의 선물을 한꺼번에 받았다. 아무나 붙잡고 감사하다는 말을 하고 싶은 날이었다.

슈퍼문이 뜬 날

마음에도 달이 뜨는 날이다.

며느리와 마주 앉아 전을 부치며 고향 이야기를 나누었다. 까마득한 나의 옛 시절도 기름 냄새 속으로 젖어든다. 형제가 많은 며느리도 어느새 추억이 되어버린 친정의 명절을 떠올리며 언니들과 음식 준비를 하며 집안이 북적대던 때를 그리워한다. 대식구 속에서 자란 때문인지 며느리는 식구가 많은 걸 좋아한다.

제사나 명절준비는 늘 혼자 해왔다. 가짓수가 많은 차례음식은 손이 많이 간다. 음식을 얼추 해놓으면 자리를 깔고 앉아 전을 부친다. 누가 조금이라도 도와주면 그리 힘이 드는 일은 아니지만 혼자 하려면 기름 냄새에 머리도 지끈거리고 허리도 아프고 쉬운 일은 아니다. 올해는 며느리와 마주 앉아 전을 부친다. 친정에서 보아왔던 것이라지만 며느리의 전 부치는 솜씨가 고운 심성만큼이나 예쁘다. 곁에서 말동무도 하고 도와주니 일이 한결 수월하다. 매사 하는 걸 보면 어설프던 나의 새댁 시절에 비하면 우등생이다. 흐뭇하고 감사한 날이다.

제사나 잔칫날은 기름 냄새를 풍겨야 한다는 어른들의 말씀대로 전 부치기는 중요하면서도 시간을 요하는 일이다. 채반에 그득한 갖가지의 전과 함께 술상을 차리는 일도 명절의 한 풍경이다. 오랜만에 만난 친지들은 술상을 앞에 놓고 추억을 되새기고 정을 나눈다. 며느리들이 전을 부치며 밀린 이야기를 나누면 술상 앞에서는 남자들의 호탕한 웃음소리를 들을 수 있었다. 점점 그 웃음소리도 잦아드는 것 같다. 형제가 많지 않은 단출한 가족구성이 되어가기 때문이기도 하다.

지나고 나면 무엇이든 아쉽고 그리워지는가 보다. 주차장처럼 늘어선 차량사이에 끼어 열 몇 시간씩 걸리는 귀성 길은 많이 힘들었다. 시댁에 도착할 무렵이면 온 식구가 지쳐 파김치가 되었다. 쉴 겨를도 없이 음식 준비를 해야 하는 며느리 처지이니 요즘 말하는 명절증후군이 없을 리 없었다. 명절 때마다 밤중이나 새벽에 출발을 하면서 도로 사정에 신경을 곤두세워 보지만 고속도로에 들어서면 벌써 차들이 줄을 지어 있다. 몇 해 전 제사를 모셔온 후부터 귀성전쟁은 없어졌는데 졸린 눈 비비는 아이들을 태우고 줄달음치던 그때가 그리워진다. 차량행렬이 꼬리를 문 고속도로상황을 텔레비전으로 보면서 아들네가 그나마 곁에 있어 귀성전쟁을 치르지 않아서 다행이라는 생각이 든다.

수십 년 만에 크고 밝은 달이 뜬다는 추석이다. 구름 한 점 없는 하늘에 기다리던 달이 떴다. 차례음식 마무리를 하고 나가보니 예고대로 슈퍼문이 떴다. 달을 보면서 정초부터 마음 끓이던 일들이 무난히 넘어간 것에 감사의 기도를 한다.

추석은 달이 있어 좋다. 올해는 유난히 맑고 하늘이 높은 추석이다. 며느리와 맞이하는 추석. 우리 집에도 슈퍼문이 뜬 날이다.

피아노소리

앙증스런 시우의 손이 장난감 피아노를 두드려댄다. 딩동대는 소리에 함박웃음을 띠며 쉬지 않고 눌러댄다. 무질서한 소리지만 나름 신이 나서 한바탕 흥겨움에 취해있는 것이다.

우리 집 피아노는 주인의 손맛을 본 지 오래 되었다. 딸이 대학생이 되고부터 피아노 앞에 앉는 걸 보지 못했으니 거의 20여 년이 되어간다.

딸은 유치원에 다니면서부터 피아노를 배우기 시작했다. 작고 여린 손가락을 건반에 걸치고 눌러대는 모습이 대견스럽고 예뻐서 일찍 피아노를 사 줬다. 학원에서 돌아와 피아노 앞에 앉으면 덩달아 나도 그 옆에서 시간을 축내곤 했다. 나는 그만할 때 기껏해야 음악시간마다 교실을 옮기는 풍금소리 외엔 들어보질 못했기 때문에 내 딸이 피아노 앞에 앉아있는 게 신기하기도 했다. 아이는 열심히 배웠다. 중학생이 되고 바빠진 아이는 머리를 식힐 때면 가끔 피아노 앞에 앉았다. 엄마가 좋아 하는 대중가요를 연주해주는 서비스도 했다. 고등학생이 되고부터는 도저히 짬을 내지 못했다. 어쩌다 휴일에 건반뚜껑을 슬쩍 열고 몇 번 눌러보고 그칠 뿐이었다.

피아노는 워낙 무게도 많이 나가고 자리도 차지하다 보니 아이들이 자라면 처분하는 집들이 많았다. 나도 갈등이 생겼지만 딸은 없애지 말라며 극구 말렸다. 이삿짐을 옮길 때마다 가장 힘이 드는 게 피아노 운반이었다. 그래도 딸의 바람대로 전국을 끌고 다녔다. 여전히 거실 한 켠 떡하니 버티고 앉아있지만 애지중지하던 딸의 손길이 언제 스친 지 기억도 없을 것이다. 진즉에 나라도 배웠으면 심심치 않게 치련만 그것 또한 아쉬운 노릇이다.

오랜만에 우리 집에서 피아노소리가 울렸다. 며느리가 와서 건반을 눌러 보는 것이다. 반갑다. 며느리가 제 아이에게 피아노를 가르치며 우리 피아노를 사용하게 될 것 같은 예감이

든다. 세월이 빠르다는 생각이 든다. 이사 다닐 때 짐스러워 팔아 버릴까 궁리만 했는데 어느새 손자의 피아노소리를 들을 날을 기다리니 말이다.

7개월 된 시우는 장난감 피아노를 무척 좋아한다. 피아노 앞에 뉘어 놓으면 한동안 집중해서 손을 움직인다. 어느 땐 작곡한 곡처럼 그럴듯하게 들린다. 아이의 행동에 신기하기도 하고 기특하기도 하여 어느 땐 나도 그 소리에 빠져버린다. 시우가 내 앞에서는 더 열심히 건반을 두드리는 것처럼 보인다.

시우가 신나게 장난감 피아노를 두드려대는 걸 보고 온 날 피아노 청소를 했다. 건반 사이를 닦고 뚜껑과 다리 사이도 닦아냈다. 건반을 두드려보나 피아노 연주엔 문외한이라 신바람이 나지 않는다. 시우만도 못하다고 생각하니 웃음이 난다.

우리 집에도 머지않아 피아노소리가 울릴 것이다. 딸아이처럼 체르니도 치고 바이엘도 치고 혹시 할머니를 위해 곡을 쳐 줄지도 모를 일이다. 시우가 할머니를 부르며 달려와 피아노소리를 들려줄 날을 생각하니 벌써부터 설렌다.

'망구'라 불러도 좋다

난 40대부터 '망구'라는 이름을 얻었다. 90을 바라보는 나이가 '망구'라는데 새파란 나이에 그 이름을 얻었으니 생각하면 기가 찰 일이다.

초등학생이던 큰애가 어느 날 뜬금없이 '망구'라고 불렀다. 의아해했지만 웃고 말았다. 달리 탓할 필요도 없고 해서 내버려 두었더니 어느 때부터는 작은애까지 따라서 '망구'라고 부르는 것이었다. 적응이 안 되었지만 장난기 섞인 '망구' 소리에 묻어버렸다. 지금도 두 아이의 전화기에 입력된 이름도 '망구'다. 오랜 시간 나는 '망구'가 되어가며 그 말은 자연스러워졌다. 그 말을 들어온 세월만큼만 더 지나면 진짜 '망구'가 된다.

봄날의 끝자락 '아무르'라는 영화를 보았다. 노부부의 이야기다. 간병하면서 겪는 애달픈 내용의 영화다. 노년의 삶이 누구든 별반 다를 게 없을 것 같아 착잡하고 서글픈 생각이 들었다. 감동을 주고 가슴 뭉클함도 있지만 한밤중 조용한 집안 공기마저 침울하게 만드는 것 같았다. 보지 않은 것만 못한 기분이 되어 공연히 무거운 잡념들이 쏟아져 내렸다.

갑자기 아이들 생각이 났다. '아무르'의 주인공 같은 나이가 되었을 때, 정작 '망구'가 되었을 때의 나를 상상해 보았다. 그때도 아이들은 '망구'라 부르며 장난을 걸어올 수 있을까. 생각하기 싫지만 다가올 미래일 수밖에 없는 노릇이다.

오늘 같은 날 '망구'라 부르며 불쑥 들어서는 사람이 있었으면 좋겠다.

'망구'에게 투정도 부리고 밥 달라는 소리도 하고 빨랫감을 던져 놓아도 반가울 것 같다. 직장생활 힘이 든다고 털어놓기도 하고 내 잔소리에 툭 한마디 말대꾸를 해도 좋다. 나물과 된장찌개를 좋아하는 딸을 위해 된장뚝배기를 올려놓고 육류를 좋아하는 아들에게 고기 한 점 구워주며 주방 앞에서 부산을 떨고 싶다. 오늘은 모든 이야기도 너그러이 들어줄 것 같다. 아이들의 숨소리가 들리던 방. 널브러진 옷가지와 흐트러진 책상을 정리하며 투덜대던 방을 들여다본다. 이렇게 기분이 가라앉는 날 나는 잠깐씩 그들의 소리가 듣고 싶기도 하다.

감동적인 내용이지만 영화감상 후 이렇게 가슴이 무거운 것은 나도 나이가 들어가는 까닭일 것이다. 영화 속의 주인공에게도 젊은 날의 청춘이 있었을 것이고 우리처럼 열심히 살았을 것이다. 이제 자연으로 돌아갈 시간이 머지않은 그들에게 화려한 그 무엇이 필요할까. 요즘은 아름답게 사는 것도 중요하지만 아름답게 죽음을 준비하는 웰다잉에 대해 관심이 많다. 의지대로 되는 건 아니겠지만 준비하는 마음의 자세가 필요하다는 생각이 든다. 두려운 미래라고 생각하는 노년은 내게도 성큼성큼 다가온다. 나도 진짜 '망구'가 되어간다.

어른이 된 아이들이 스스럼없이 '망구'라 불러도 좋다 그 소리가 듣고 싶은 날이다.

그리다 만 그림처럼

열병을 앓던 날들이었다.

가슴앓이가 깊어질수록 얼른 그곳을 떠나고 싶었다. 가족의 안온한 울타리조차도 답답함을 느끼고 있었다. 미래가 결정되지 않은 채 방황하며 나의 십대가 설익어갔다. 그곳을 떠나던 날 대책 없는 미래가 두렵기보다는 설렘이 나를 들뜨게 만들었다. 불안한 나를 완성시켜 줄 것만 같았다.

화려한 거리는 꿈꾸는 자들의 무대처럼 보였다. 밤에도 꺼지지 않는 불빛들은 뭔가를 채워줄 것 같은 기대를 갖게 했다. 그 속에 섞여 서툰 몸짓으로 나를 만들어 나가느라 정신이 없었다. 내가 마주한 세상은 내가 겪으며 자란 수더분한 세상과는 많이 달랐다. 도회지 친구들은 붙임성이 좋고 의사 전달이 분명했다. 야무지고 당당해 보이는 친구들 앞에 적응하는 시간이 필요했고 어설프게 발을 붙이느라 애를 썼다.

하루하루가 가고 또 달이 가고 밤낮으로 꺼지지 않는 도시의 혼란함에 익숙해져갈수록 흙먼지 풀풀 날리는 시골길이 생각났다. 아까시 향기가 그립고 햇살에 반짝이는 미루나무 이파리의 흔들림이 떠올랐다. 뒤란의 앵두가 익었겠지 생각하면서 보리가 익어가는 밭두렁을 걷고 싶었다. 그제야 집으로 보내는 편지를 쓰기 시작했다. 편지를 쓸 때면 저절로 눈물이 났다. 저녁나절 길 건너 인천교대 여학생들이 몰려나오면 엄마생각이 더 많이 났다.

엄마는 내가 교사가 되길 바랐다. 선생이라는 직업인으로 살길 원했지만 엄마의 소망대로 되질 못했다. 글을 쓰고 싶다는 생각은 했지만 특별한 내 꿈이 있어서라기보다 직업에 대해서 진지하게 고민도 해보지 못한 채 막연하고 불안하게 머물러 있던 상태였다. 그냥 뭔가 후련하게 해결되지 못하는 현실을 답답해하며 떠나고만 싶었다.

많이 아파하고 도피하고 싶었지만 그토록 동경하던 세상은 차츰 소란스럽고 피곤한 삶의 풍경이 되어갔다. 또 다른 세상살이에서 겪는 크고 작은 상처들은 스스로 치유하면서 옹이가 되기도 했지만 말간 웃음 머금은 철부지 시절이 그리다 만 그림 속에서 손짓을 하곤 했다. 마음을 드러내놓는 일에 서툴던 나는 가끔 어디론가 달려가다 낭떠러지 앞에 움찔하는 꿈을 꾸곤 했다.

장날이면 막걸리 한 잔 하신 아버지와 하굣길에서 우연히 만나기도 하는 '메주고개'가 아련히 떠오르고 교복차림의 추억이 수묵화처럼 가슴에 그려지곤 했다. 어둠이 서리서리 내릴 무렵이면 매캐한 저녁연기 피어오를 시골집이 게딱지같은 가슴 한 구석 그리움으로 쌓여가기 시작했다. 그러나 시간이 흐른다고 갈증이 해소 되지는 않았다. 신기루 같은 세상은 끝내 잡지 못한 채 내가 책임져야할 일들과 맞서야하는 현실은 되돌아갈 수 없는 시계바늘을 만들었다. 처음부터 그 자리에 살았던 것처럼 자연스레 삶의 중심이 바뀌어갔다. 그렇게 나는 어른이 되었고 엄마가 되었다.

나이테 속에 저장되어있는 성숙되지 못한 어린 날의 아쉬움이다. 그 시간들을 끌어내어 글이라는 옷을 입히며 미소 지을 때가 있다. 이게 내가 갈망하던 세상이었을까. 아직도 난 그

해답을 찾지 못하고 있다.

두려움 없이 떠났던 그 길 끝에는 미완성인 내가 머물러있다. 그리다 만 그림처럼 여백으로 남아있는 나를 무심히 들여다 볼 때가 있다.